El Camino al Despertar

Un comentario de Shamar Rinpoche sobre *Los Siete Puntos del Entrenamiento de la Mente* escrito por Ja Chekawa Yeshe Dorje

El camino al despertar

Un comentario de Shamar Rinpoche
sobre *Los Siete Puntos del Entrenamiento de la Mente*
escrito por Ja Chekawa Yeshe Dorje

Traducido del tibetano al inglés por Lara Braitstein

Traducción española de María Cámara Serrano

RABSEL
PUBLICATIONS

Título original:
THE PATH TO AWAKENING
EDITED AND TRANSLATED BY LARA BRAITSTEIN, 2014
COPYRIGHT © LARA BRAITSTEIN.

Published by and in arrangements with
Bird of Paradise Press, Lexington, VA.

© Rabsel Éditions, La Remuée, Francia, 2011, 2023
para la traducción española
ISBN 978-2-36017-059-3

www.rabsel.com
e-mail: contact@rabsel.com

Sumario

Prefacio de la traductora

Atisha (982-1054 DC) representa uno de los raros persona-
jes de la historia tibetana sobre quien no existe controversia
alguna. Respetado por todos y recordado por sus numerosas
contribuciones al proceso de revitalización del budismo en los
comienzos del Renacimiento que tuvo lugar en Tíbet del año
950 al 1200 DC. Estas contribuciones todavía ocupan un lugar crucial en la actualidad en todas las escuelas del budismo
tibetano. De todo el legado de Atisha, sus enseñanzas sobre
el entrenamiento de la mente, conocidas también como *lodjong*, que introdujo en el mundo religioso tibetano, constituyen uno de los elementos más imperecederos. Al entrenar al
practicante en la compasión y el desarrollo de la sabiduría, las
enseñanzas de *lodjong* producen una transformación profunda en la mente. Concretas y profundas a la vez, estas enseñanzas no han perdido popularidad ni vigencia a pesar de los
dramáticos cambios que ha sufrido el contexto cultural en el
transcurso de los últimos mil años.

Como cabe esperar de una sociedad intelectual, desde la época de Atisha ha habido una abundante proliferación de literatura sobre el *lodjong* tibetano que se ha materializado en una colección innumerable de aforismos condensados, poemas y comentarios en prosa. Algunos de ellos se mantienen vivos, como la forma en que Chekawa Yeshe Dorje (1101-1175 DC) ha condensado en siete puntos las enseñanzas de Atisha. Estos siete puntos se componen de una serie de versos-raíces cuyo origen se atribuye a Atisha en persona, lo que no impide que se desarrollen un gran número de versiones de *lodjong* cuyas diferencias residen no solamente en la forma, sino también en el contenido. Un estudio de los distintos textos raíces revela que la reformulación de las frases originales se trata, en realidad, de una consagrada tradición entre los maestros de *lodjong*; estas modificaciones son reflejo de su propia comprensión de lo que constituye el método más eficaz y pedagógico de transmitir las enseñanzas de *lodjong*. De acuerdo con la todavía próspera cultura intelectual y religiosa de los tibetanos, la producción literaria relativa al *lodjong* prevalece en la actualidad, y por ese motivo acepté con gran entusiasmo la invitación de S.S. el 14º Shamar Rinpoche para traducir su propia presentación de los versos raíces, así como su comentario detallado sobre los *Siete Puntos del Entrenamiento de la Mente* de Chekawa Yeshe Dorje. Me siento profundamente agradecida por la oportunidad que me ha sido brindada de estudiar de cerca el trabajo de un maestro con semejante talento, y de comenzar a comprender trabajando con un gran lama en un nuevo comentario de *lodjong* actual, cómo la práctica del entrenamiento de la mente y la literatura al respecto se han desarrollado a lo largo del milenio pasado.

Espero que los lectores disfruten tanto como yo el texto de Shamar Rinpoche sobre el entrenamiento de la mente, *El Camino al Despertar*. Como en todo trabajo de traducción puede haber errores y malinterpretaciones. Si fuese el caso, me disculpo ante Shamar Rinpoche y ante los lectores de este libro.

La consumación de este trabajo no hubiese sido posible sin la inestimable ayuda y soporte de un gran número de personas. Me gustaría agradecer a algunas en particular (incluso si seguramente estoy omitiendo a personas significativas y me disculpo de antemano): Terry Burt, Chris Fang, Carol Gerhardt, Derek Hanger, Philippe Jedar, Thule G. Jug, Neeraj Khatri Chettri, Bart Mendel, Shahin Parhami, Dominique Thomas, Madeline J. Watson, Pamela Gayle White, and Sylvia Wong. Gracias a todas las personas que habéis invertido tiempo y esfuerzo para que este libro resulte lo mejor posible.

Lara Braitstein (McGill University, 2009)

Nota sobre la transcripción

Teniendo en cuenta que este libro está dirigido al público general, hemos escrito los términos sánscritos en su forma fonética. Hecho que puede resultar frustrante para aquellos lectores familiarizados con el sánscrito, de forma que este glosario de términos proporciona la correspondencia entre la trascripción correcta y la fonética destinada a facilitar la pronunciación.

Términos sánscritos (fonética)	Transcripción correspondiente
abhidharma	*abhidharma*
anatman	*anātman*
Avalokiteshvara	*Avalokiteśvara*
Atisha	*Atiśa*
Atisha Dipamkara Srijnana	*Atiśa Dïpaṁkara Śrïjñana*
bhoumi	*bhūmi*
bodhisattvas	*bodhisattva*

bouddhadharma	*bouddhadharma*
dharma	*dharma*
dharmakaya	*dharmakāya*
karma	*karman*
maha	*mahā*
mahapanditas	*mahāpandita*
mahayana	*mahāyāna*
Manjushri	*Mañjuśrī*
Nagarjuna	*Nāgarjuna*
nirmanakaya	*nirmāṇakāya*
nirvana	*nirvāṇa*
paramita	*pāramitā*
pratyékabouddhas	*pratyekabuddha*
Rajagriha	*Rājagrha*
rupakaya	*rūpakāya*
samadhi	*samādhi*
sambhogakaya	*saṁbhogakāya*
samsara	*saṁsāra*
Shakyamouni	*Śākyamuni*
shamatha	*śamatha*
Shantideva	*Śāntideva*
shravaka	*śrāvaka*
shunyata	*śūnyatā*
soutra	*sūtra*
svabhavikakaya	*svabhāvikakāya*
trisvabhava	*trisvabhāva*
vinaya	*vinaya*
vipashyana	*vipaśyanā*
yana	*yāna*

Introducción: las enseñanzas de Buda

Shakyamuni, el Buda de nuestra era, enseñó prácticamente sin interrupción durante los últimos 45 años de su vida, una vez alcanzado el completo despertar. Fueron numerosos los seres sensibles[1] que se beneficiaron de sus enseñanzas y sus obras, a las que tenemos acceso hoy día, transmitidas desde la época de sus discípulos más directos. El Buda en realidad ofreció gran variedad de enseñanzas, utilizando múltiples y variados métodos, y no se limitó a enseñar únicamente a los seres humanos. El poder del despertar es tal que la compasión de un ser despierto le permite manifestarse simultáneamente en todo tipo de formas, permitiéndole así acceder a cualquier ser presente. Sea humano, animal, semi-humano o divino, si posee la disposición kármica necesaria va a percibir el cuerpo

---

1   NdT: a lo largo de todo el texto, cuando se habla de seres sensibles (o seres en general), se refiere a todos los seres que disponen de una conciencia, es decir, que sienten. Esto incluye a seres humanos, animales y demás reinos de existencia del Samsara.

y la palabra de un Buda bajo una forma que le resulte familiar y agradable. Nosotros los humanos, por ejemplo, tenemos una cabeza, dos brazos, dos piernas, etcétera, y cuando Buda vivía y enseñaba en la sociedad humana era percibido bajo una forma humana. Pero los seres no son idénticos en todos los sitios. En ciertos mundos, los seres pueden tener un cuerpo hueco, desprovisto de órganos internos, o estar dotados de cuatro cabezas y cuatro brazos, o bien comunicarse sin mover los labios ni emitiendo sonidos. Si tales seres asistiesen a las enseñanzas de Buda, éste se manifestaría bajo la forma de estos seres, y su discurso no se pronunciaría en un idioma del género humano, sino que estos seres escucharían la enseñanza en su propio lenguaje. Tal es el poder del despertar.

A pesar de su asombrosa inmensidad, las enseñanzas de Buda, o el *dharma*, pueden dividirse en tres compendios o temas, también conocidos como los Tres Giros de la Rueda del Dharma. Dos de ellos están asociados a una época y a un lugar concreto, considerándose el último como más genérico. El Buda giró, por primera vez, la rueda del dharma en lo que es la actual ciudad de Sarnat, cerca de Benarés; son las primeras enseñanzas que impartió tras su despertar. Se dirigió a cinco discípulos humanos – con quienes previamente había practicado el ascetismo– y a una multitud de seres celestiales y semi-humanos que se reunieron para escuchar sus palabras, pero a quienes los cinco humanos no pudieron percibir. El segundo giro de la rueda tuvo lugar en Rajagriha (el actual Rajgir) donde Buda enseñó a sus más avanzados discípulos, numerosos *arhats* y *bodhisattvas,* entre quienes se encontraba Manjushri que en esa época se manifestaba bajo forma humana. En esta asamblea había nuevamente innumerables seres celestiales. En cuanto al tercer giro de la rueda del dharma, no se ubica en una época y ni en un lugar preciso, ni en relación con una audiencia concreta. En lugar de eso, se entiende que el Buda dio el tercer giro de la rueda de forma continuada a lo largo de su vida.

El primer giro de la rueda consistía en instrucciones fundamentalmente destinadas a adiestrar el cuerpo, el habla y la mente. El segundo giro tenía por objeto esencial los *samadhi*, o estados de profunda absorción meditativa. Las enseñanzas del tercer giro de la rueda estaban basadas en las Tres Naturalezas (*trisvabhava* en sánscrito): la naturaleza imaginaria, que es la división dualista de la experiencia -de yo y el otro-; la naturaleza dependiente, que es la indivisible corriente de la experiencia; y la naturaleza perfecta, que es la naturaleza dependiente libre de la imaginaria. Las profundas enseñanzas sobre las tres naturalezas abren la puerta a múltiples e inmensas cualidades de sabiduría que, para un observador no experimentado, no se manifiestan fácilmente ni resultan evidentes.

Cuando el Buda abandonó su cuerpo, los *Mahapanditas* o Grandes Eruditos, intérpretes cualificados del dharma, clasificaron todas sus enseñanzas en tres yanas o vehículos. El primer vehículo se caracteriza por el hecho de que sus enseñanzas giran alrededor de la ausencia del yo (*anatman*). Se adopta una perspectiva del no-yo y su práctica consiste en meditar sobre este no-yo. La conducta de los practicantes de este vehículo se apoya en el código de disciplina monástica, el *vinaya,* en cuyas reglas se contempla el estricto celibato. En realidad, la sexualidad es la causa del renacimiento – tanto en el sentido de constituir el medio de reproducción como en términos de implantación de la semilla en tu mente cuyo resultado es *tu propio* renacimiento. Renunciando a esa causa y siguiendo la vía directa de la meditación, el practicante alcanzará la plena realización del no-yo.

El segundo y tercer vehículos están ambos destinados a los bodhisattvas, practicantes comprometidos con su intención altruista de ayudar a todos los seres sensibles. La óptica de estos dos vehículos es la vacuidad, o *shunyata*: la comprensión de que el mundo, tal y como lo experimentamos, dividido entre sujeto y objeto –entre el que percibe y aquello que es percibido-, no existen realmente como tal. Porque todo lo que experimentamos está desprovisto de una existencia inherente; hecho que abre la posibilidad a que todo pueda suceder. La meditación practicada dentro del segundo y tercer vehículo te permite experimentar esta visión de la vacuidad y te entrena, por tanto, a utilizar las ilusiones de los seres sensibles para beneficiarles. Se puede emplear así la ilusión de las apariencias dualistas con un propósito positivo. De hecho, se puede aprender a tener mejores renacimientos una y otra vez rodeado de todo tipo de seres con el fin de serles útil. El mérito generado por ayudar continuamente a los demás, cada vez con mayor habilidad, es comparable a una mina ilimitada de tesoros cuyo resultado final será el perfecto despertar, el más fructífero y el más próspero de todos los estados. En estos dos vehículos no se hace hincapié en lo mismo, y es precisamente lo que les diferencia: mientras que el segundo vehículo comporta numerosas enseñanzas sobre la vacuidad, en el tercero se enfatiza aquello que surge de la vacuidad. En realidad, el tercer vehículo es útil para todo tipo de practicantes: los *shravakas* o 'auditores', los *pratyekabudas* o los realizados en solitarios, y los bodhisattvas.

El estudio de estos temas no resulta suficiente para alcanzar el despertar. Para llegar al objetivo también se necesita de la clave. Y la clave no es más que las instrucciones esenciales que revelan el corazón de las enseñanzas. Cada práctica posee una clave, que no siempre es explícita. Aquellos que poseen la clave, son unos pocos practicantes dedicados que recibieron la transmisión del extenso linaje de los más experimentados maestros de meditación. En realidad, podemos deducir cuatro tipos de maestros: los eruditos que no tiene clave, los que poseen instrucciones clave, pero carecen de formación y aptitudes académicas, los maestros que tiene ambas, las claves y el conocimiento, y por supuesto, también existen maestros que ¡no tienen ni entrenamiento académico ni las claves! De los cuatro, solamente los últimos deben evitarse a toda costa. Con el resto, se trata de averiguar hasta qué punto un maestro es digno de confianza, independientemente de la materia o el vehículo al que pertenezca.

Si sigues únicamente el dharma explicado de forma académica, está bien. Si sigues las instrucciones clave sin formación académica está muy bien. Pero si sigues ambas, la formación académica y las instrucciones clave es lo supremo. Quizás no sea necesario mencionar que no tener acceso al dharma a través del estudio, ni instrucciones claves ¡no trae nada bueno! Pero en todos los casos, para alcanzar la meta necesitas las instrucciones clave.

Existen también cuatro tipos de estudiantes capaces de corresponder a los diferentes tipos de maestros. Para el público general con necesidad de instrucciones básicas, el tipo de maestro entrenado únicamente en lo académico es excelente. Para practicantes muy avanzados comprometidos con una práctica intensa, el maestro que solamente posee instrucciones clave es perfectamente adecuado. Por último, la combinación de erudición y posesión de las claves es perfecto para cualquier nivel o tipo de estudiante. El cuarto tipo de maestro, el que carece de erudición e instrucciones clave, en efecto no es aconsejable para nadie. Valga la ironía, ¡es el tipo de maestro a quien muchos se ven tentados de seguir!

Texto Raíz

Introducción

El entrenamiento de la mente, o *lodjong*, es una práctica completa que conviene a todo tipo de estudiantes. Contiene el camino en su totalidad, y no depende del recorrido anterior de la persona que lo practica ni de la afiliación a una tradición. Su puesta en práctica con diligencia será suficiente para conducirte a lo largo de todo el camino hasta el despertar.

Los *Siete Puntos del Entrenamiento de la Mente* fueron concebidos en su origen por Chekawa, con la intención proporcionar a sus discípulos notas condensadas que les permitiesen recordar la esencia de sus más importantes instrucciones. Con el tiempo, distintos maestros han hecho sus propios comentarios sobre los siete puntos. Algunos se han recogido por escrito, y otros se han transmitido oralmente desde la época de Chekawa. Los lectores familiarizados con los textos sobre el entrenamiento de la mente se habrán percatado de que los aforismos que constituyen los siete puntos varían de un texto raíz a otro. Forma parte de la tradición de los maestros que transmiten los siete puntos decidir sobre el orden y contenido de los aforismos. Algunas versiones son más largas, otras más complejas, pero todas traen consigo el poder y la simplicidad de los siete puntos de Chekawa, los cuales, no varían.

Lo que sigue a esta introducción es el texto raíz de esta enseñanza sobre el *lodjong*, en tibetano y español. Compuesto por los *Siete Puntos del Entrenamiento de la Mente* de Chekawa en los cuales se incluyen numerosos aforismos que actúan como comentarios condensados. Asimismo, se intercalan mis propias anotaciones adicionales para clarificar la organización del texto raíz. Después del texto raíz, mi propio comentario detallado, relativo a cada uno de los Puntos y aforismos, constituye el resto de este libro.

Los Siete Puntos desarrollados por Chekawa pueden dividirse en cuatro etapas: los preliminares, cultivar la meditación de la visión superior (sánscrito: *vipashyana*; tibetano: *lhakgong*), la meditación de dar y tomar (tibetano: *tonglen*) y las causas y condiciones para desarrollar este dar y tomar. Como se va a explicar a continuación en detalle, los preliminares consisten en adquirir una compresión de los fundamentos de las enseñanzas de Buda y el desarrollo de una mente estable a través de la práctica de *shiné*, o la meditación de la calma mental (sánscrito: *shamatha*). La comprensión de la vacuidad y de la naturaleza nonata de la mente se adquiere posteriormente a través de la meditación de la visión superior, conocida como *vipashyana* en sánscrito. Después viene la práctica principal, *tonglen*, que significa dar y tomar. Aquel que sea diligente y experto en la práctica de *tonglen* será capaz de alcanzar en una sola vida el primer nivel de bodhisattva, o primer *bhumi*. El entrenamiento de la mente es una práctica que sustenta y cultiva la Naturaleza de Buda, esa semilla pura de despertar que es inherente a todos los seres sensibles. Posee, incluso, el poder de transformar el aferramiento al yo en un no-yo altruista. Por esta razón, los practicantes del entrenamiento de la mente dicen que el aferramiento al yo contiene la Naturaleza de Buda. Su verdadera naturaleza es la ausencia de ego. Por último, el cuarto aspecto es la comprensión de las causas y condiciones requeridas para la realización de la práctica de *tonglen*.

En su origen, este libro fue escrito como parte del programa de estudios de los Centros Bodhi Path que he fundado por todas partes en Norteamérica, Asia y Europa. Mi objetivo es fomentar una práctica eficaz y transformadora que no dependa de divisiones sectarias. Por este motivo, considero, tanto este programa de estudios como los centros Bodhi Path, completamente *rimé*, o no sectarios.

Habiéndose implantado el budismo tibetano con solidez en el exterior del Tíbet, no existe beneficio alguno en mantener las rígidas divisiones sectarias que formaban gran parte del budismo en el mismo Tíbet. De esta forma los tibetanos pueden beneficiarse de ser menos sectarios e, indudablemente, los que no son tibetanos no tienen ninguna necesidad de tales distinciones.

Prefacio al texto raíz

དེ་ཡང་། བློ་སྦྱོང་དོན་བདུན་མའི་རྩ་བའི་ཚིག་བཅད་རྣམས་ལ་མི་འདུ་
བ་དུ་མ་ཞིག་འདུག་ཅིང་ཤུང་ཟད་འཁྲུག་མི་བདེ་བས། དོན་བདུན་མའི་
འགྲེལ་པ་གདམས་ངག་མཛོད་ནང་དུ་བཞུགས་པ་དང་། གཞན་ཡང་།
ཞུ་དམར་ལྷ་བ། དངུལ་ཆུ་ཐོགས་མེད། ཀུན་མཁྱེན་ཏུ་ར་ན་ཐ།
བློ་གྲོས་མཐའ་ཡས་བཅས་ཀྱིས་མཛད་པའི་འགྲེལ་པ་སོགས་ལ་དཔྱད་
གཞི་བྱས་མཐར། ཁོ་བོ་ཉ་དམར་ཁྲི་འཛིན་ཆོས་ཀྱི་བློ་གྲོས་པས་ལྭག་
ལྭར་གསོལ་འདེབས་དང་གནང་བ་ཞུས་ཏེ། རང་གི་རིགས་འཛུག་ཆོ་གདམས་
དག་ཟབ་མོ་འདི་ལ་ཇི་བཞིན་འཛུག་པའི་ཆེད་དུ་ཁོ་ནར་དམིགས་ནས།
འདས་ལོ་༢༡༣༠་མི་ཕྱག་ལོའི་ཟླ་བ་༢ཚེས་༡ སྤྱི་ལོ་༢༠༠༧ཟླ་བ་༠
ཚེས་༡༤ཉིན་རྩ་ཚིག་འདི་བཞིན་བསྒྲིགས་སྟེ་གཏན་འབེབས་བྱས་པར་
ནོངས་འགལ་མཆིས་ཚེ་ཕྱགས་གཙུ་བོར་བཞགས་པའི་མཁས་དབང་
རྣམས་ལ་བཟོད་གསོལ་ཕུལ།

Como existe un gran número de distintas versiones del texto-raíz de los *Siete Puntos del Entrenamiento de la Mente*, me preocupaba [la confusión que esto podría generar a los practicantes]. Lo que me ha llevado a sumergirme en este tema y a estudiar los distintos comentarios, entre ellos, el compuesto por el quinto Shamarpa incluido en el Dam Ngak Dzö, el comentario de Ngulchu Tokmé, el del omnisciente Taranatha, el de Jamgön Lodrö Thaye, el de Lamrimpa, etcétera.

Así -yo, el Shamarpa Chökyi Lodrö- con la única intención de facilitar a mis discípulos el acceso a estas profundas enseñanzas, el primer día del tercer mes del año del Cerdo de Fuego (2134) – 18 de abril, 2007 - he orado a mi *yidam* y, con su permiso, he reorganizado los versos originales de la siguiente manera. En caso de que hubiese algún error, me disculpo ante todos los maestros auténticos.

Texto raíz

༄༅།ཁྱུགས་རྗེ་ཆེན་པོ་ལ་ཕྱག་འཚལ་ལོ།

བརྒྱུད་ཁུངས་བཙུན་པར་བསྟན་པ་ནི།

མན་ངག་བདུད་རྩིའི་སྙིང་པོ་འདི། གསེར་སྒྱིང་པ་ནས་བརྒྱུད་པ་ཡིན། ཆེ་བ་བསྟན་པ་ནི།

སྙིགས་མ་ལྔ་པོ་བདོ་བ་འདི། བྱང་ཆུབ་ལམ་དུ་བསྒྱུར་བ་ཡིན། རྡོ་རྗེ་ཉི་མ་སྟོན་ཞིང་བཞིན། གཞུང་དོན་ལ་སོགས་ཤེས་པར་བྱ།

༈ དོན་དང་པོ་སྟོན་འགྲོ་བསྟན་ཅིང་དེ་ཡང་འཁོར་གསུམ་མི་དམིགས་པར་བསྒྲུབ་པ་ནི།
དང་པོ་སྟོན་འགྲོ་དག་ལ་བསླབ། ཆོས་རྣམས་རྨི་ལམ་ལྟ་བུར་བསམ།

༈ དོན་གཉིས་པ་བྱང་ཆུབ་སེམས་གཉིས་སྒོང་བའི་མན་ངག་གོག་མར་དོན་དམ་བྱང་ཆུབ་སེམས་ནི།
མ་སྐྱེས་རིག་པའི་གཞིས་ལ་དཔྱད། གཉེན་པོ་ངས་གང་ཆེ་སྟོན་ལ་སླུང་།
གཉེན་པོ་ཉིད་ཀྱང་རང་སར་གྲོལ། ཏོ་བོ་ཀུན་གཞིའི་ངང་ལ་བཞག།
ཐུན་མཚམས་སྒྱུ་མའི་སྐྱེས་བུར་བྱ། འཕྲོས་བུའི་རེ་བ་ཐམས་ཅད་སྤུངས།
གཉིས་པ་ཀུན་རྫོབ་དང་དོན་དམ་བྱང་ཆུབ་ཀྱི་སེམས་བྱུང་འཇུག་ཏུ་སྒོང་བའི་མན་ངག་ནི།
གཏོང་ལེན་གཉིས་པོ་སྤེལ་མར་སླུང་། དེ་གཉིས་རྒྱུ་ལ་བསྐྱོན་པར་བྱ།
ཡུལ་གསུམ་དུག་གསུམ་དགེ་རྩ་གསུམ། སྤྱོད་ལམ་ཀུན་ཏུ་ཚིག་གིས་སླུང་།

༈ དོན་གསུམ་པ་རྐྱེན་ངན་བྱང་ཆུབ་ཀྱི་ལམ་དུ་བསྒྱུར་བའི་མན་དག་ལ་ཕན་པོ་དང་ཁུང་པར་ཚན་གཉིས་ལས་དང་པོ་ནི།
སྤྱོད་བཅུད་སྲིག་པས་གང་བའི་ཚེ། རྐྱེན་ངན་བྱང་ཆུབ་ལམ་དུ་བསྒྱུར།

གཉིས་པ་ཁྱད་པར་ཅན་ལ་གསུམ་ལས་དང་པོ་ཀུན་རྫོབ་བྱང་ཆུབ་སེམས་ཀྱིས་རྒྱེན་འན་བྱང་ཆུབ་ཀྱི་ལམ་དུ་སློང་བའི་མན་ངག་ནི།

ལེ་ལན་ཐམས་ཅད་གཅིག་ལ་བདའ།   ཀུན་ལ་བཀའ་འདྲིན་ཆེ་བར་བསྒོམ།

གཉིས་པ་དོན་དམ་བྱང་ཆུབ་སེམས་ཀྱིས་རྒྱེན་འན་བྱང་ཆུབ་ཀྱི་ལམ་དུ་སློང་བའི་མན་ངག་ནི།

འཁྲུལ་སྣང་སྐུ་བཞིར་སྒོམ་པ་ཡི།   སྟོང་ཉིད་བསྲུང་བ་བླ་མེད།

ལྟ་བ་གསུམ་དང་རྣམ་མཁའན་མཛོད།   རྣལ་འབྱོར་སྲུང་བ་བླ་ན་མེད།

གསུམ་པ་སྣོར་བ་ཁྱད་ཅན་གྱི་རྒྱེན་འན་བྱང་ཆུབ་ཀྱི་ལམ་དུ་སློང་བའི་མན་ངག་ནི།

སྟོར་བ་བཞི་ལྡན་ཐབས་ཀྱི་མཆོག   འཕྲལ་ལ་གང་ཐུག་སྒོམ་དུ་སྒྱུར།

༈ དོན་བཞི་པ་ཚེ་གཅིག་གི་ཉམས་ལེན་དྲིལ་ནས་བསྟན་པའི་མན་ངག་ནི།

མན་ངག་སྙིང་པོ་མདོར་བསྡུས་པ།   སྦྱོས་ལྔ་དག་དང་སྦྱར་བར་བྱ།

ཐེག་ཆེན་འཕོ་བའི་གདམས་ངག་ནི།   སྦྱོས་ལྔ་ཉིད་ཡིན་སྦྱོང་ལམ་གཅེས།

༈ དོན་ལྔ་པ་བརྟོ་འཕྲོངས་པའི་ཚད་བསྟན་པ་ནི།

ཆོས་ཀུན་ད   གོས་པ་གཅིག་ཏུ་འདུས།   དཔང་པོ་གཉིས་ཀྱི་གཙོ་བོ་བཟུང་།

ཡིད་བདེ་འབའ་ཞིག་རྒྱུན་དུ་བསྟན།   ཡེངས་ཀྱང་ཐུབ་ན་འབྱངས་པ་ཡིན།

༈ དོན་དྲུག་པ་བློ་སྦྱོང་གི་དམ་ཚིག་བསྟན་པ་ནི།

སྒྲི་དོན་གསུམ་ལ་རྟག་ཏུ་བསླབ།   འདུན་པ་བསྒྱུར་ལ་རང་སོར་བཞག

ཡན་ལག་ཉམས་པ་བརྗོད་མི་བྱ།   གཞན་ཕྱོགས་གང་ཡང་མི་བསམ་མོ།

དུག་ཅན་གྱི་ཟས་སྤང་།   གཞུང་བཟང་པོ་མ་བསྟེན།   ཁག་དན་མ་སྒྲོད།

འཕྱང་མ་སྣྱགས།   གནད་ལ་མི་དབབ།   མཛོ་ཁལ་གླང་ལ་མི་འབྱོ།

མ་གྲོགས་ཀྱི་རྗེ་མི་གཏོང་། ཕྲོ་ལོག་མི་བྱ། སྐྱ་བདུད་དུ་མི་དབབ།

ཀུན་ལ་བློན་གྱི་ཐབ་མ་བླུར་བྱ། སྙིང་ཀྱི་ཡན་ལག་ཏུ་སྲུག་མ་ཚོལ།

༈ དོན་བདུན་པ་རྗེ་སྦྱོང་གི་བསླབ་བྱ་བཅན་པ་ནི།

རྣལ་འབྱོར་ཐམས་ཅད་གཅིག་གིས་བྱ། ལོག་གནོན་ཐམས་ཅད་གཅིག་གིས་བྱ།

ཐོག་མཐའ་གཉིས་ལ་བྱ་བ་གཉིས། གཉིས་པོ་གང་བྱུང་བཟོད་པར་བྱ།

གཉིས་པོ་སྲོག་དང་གདོས་ནས་བསྲུང་། དཀའ་བ་གསུམ་ལ་བསླབ་པར་བྱ།

རྒྱུ་ཡི་གཙོ་བོ་རྣམ་གསུམ་བླང་། ཉམས་པ་མེད་པ་རྣམ་གསུམ་བསྒོམ།

འབྲལ་མེད་གསུམ་དང་ལྡན་པར་བྱ། ཡུལ་ལ་ཕྱོགས་མེད་དག་ཏུ་སྦྱང་།

ཁྱབ་དང་གཏིང་འབྱོངས་ཀུན་ལ་གཅེས། བཀོལ་བ་རྣམས་ལ་རྟག་ཏུ་བསྒོམ།

རྐྱེན་གཞན་དབག་ལ་བློས་མི་བྱ། ད་རེས་གཙོ་བོ་ཉམས་སུ་བླངས། བོ་ལོག་མི་བྱ།

རེས་འཇོག་མི་བྱ། དོལ་ཆོད་སྒྲུབ། ཚིག་དཔྱོད་གཉིས་ཀྱིས་ཐར་བར་བྱ།

ཡུས་མ་བསྒོམ། གོ་ལོང་མི་སྤོམ། ཡུད་ཙམ་པ་མི་བྱ། ཞོར་ཚེ་མ་འདོད།

མཐད་པ་པོའི་གདངས་བརྗོད་པས་གཞན་ལ་དཔལ་བསྐྱེད་པ་ནི།

བདག་ཉིད་མོས་པ་མང་བའི་རྒྱུས། སྡུག་བསྔལ་གདམས་ངག་ཁྱད་བསད་ནས།

བདག་འཛིན་འདུལ་བའི་གདམས་ངག་ལུས། ད་ནི་ཤི་ཡང་མི་འགྱོད་དོ།

Traducción del texto-raíz

¡Homenaje al Ser de Gran Compasión!

Instrucciones sobre el linaje:
He aquí la instrucción clave,
el néctar esencial generado por Serlingpa.

Grandeza de la práctica:
Las cinco degeneraciones que están ocurriendo,
deberías convertirlas en el camino al despertar.
Es la disciplina principal siempre tan preciosa,
como el diamante, el sol, el árbol medicinal.

Primer punto: Aprender los preliminares y, además, entrenarse en no conceptualizar las tres esferas.
En primer lugar, adiéstrate en los preliminares.
Piensa que todos los fenómenos son como un sueño.

Segundo punto: Instrucciones clave para el entrenamiento en las dos bodhicittas, comenzando por la bodhicitta última.
Analiza la naturaleza nonata de la mente.
Purifica primero la emoción negativa más fuerte.
El remedio mismo se libera espontáneamente.
Permanece en la esencia de la mente, la base de todo.
Durante la post-meditación, comprende que todos los fenómenos son ilusorios.
Abandona toda expectativa de resultados.

Después, las instrucciones sobre la forma de unir la bodhicitta convencional y la bodhicitta última:
Practica alternando el tomar y el dar,
asienta ambas en la respiración.
Tres objetos, tres venenos, tres raíces de virtud.
Entrena tu conducta según los aforismos.

Tercer punto: Convierte las adversidades en el camino del despertar.

Este punto comprende una instrucción general y tres instrucciones particulares.

La instrucción general:
Cuando los seres y el mundo estén repletos de negatividad, transforma la adversidad en el camino del despertar.

Las tres instrucciones particulares:
- cómo la bodhicitta convencional sirve para transformar las adversidades en camino del despertar.
Considera una sola falta como responsable de todos los infortunios.
Reflexiona sobre la gran bondad de todos los seres.

-cómo la bodhicitta última sirve para transformar las adversidades en el camino del despertar.
Medita en las apariencias ilusorias como siendo los cuatro kayas.
La vacuidad es la insuperable protección.
Las tres visiones son como el tesoro del cielo,
la insuperable protección del yoga.

-instrucciones específicas para transformar la adversidad en camino del despertar:
Dominar las cuatro prácticas es el método supremo.
Todo lo que encuentres en cada momento, intégralo en tu meditación.

Cuarto punto: Implementar el entrenamiento de la mente en esta vida.
Condensadas en su esencia, he aquí las instrucciones:
Entrénate en los cinco poderes.
Las enseñanzas sobre la muerte del Gran Vehículo
son los cinco poderes mismos; tu conducta es crucial.

Quinto punto: Evaluar del entrenamiento de la mente.
Todas las enseñanzas de dharma están dirigidas a un mismo objetivo.
Confía en lo mejor de los dos testigos.
Apóyate constantemente en el júbilo de la mente
Estarás bien entrenado si puedes incluso sobrellevar la distracción.

Sexto punto: Compromisos vinculados al entrenamiento de la mente.
Respeta siempre los tres principios de base.
Transforma tu actitud permaneciendo natural.
No hables sobre los defectos de otros.
No importa cuáles sean los defectos de los demás, no los contemples.
Abandona la comida perniciosa.
No ayudes a los demás en función de los favores que les debes.
No descubras los defectos de los demás para irritarles.
No esperes al acecho.
Nunca golpees en el corazón.
No coloques la carga de un buey en una vaca.
No busques ser el mejor.
No hagas mal uso del remedio.
No te sirvas de los dioses para propósitos negativos.
Ante todo, compórtate como un humilde servidor.
No disfrutes del sufrimiento ajeno.

Séptimo punto: Consejos para el entrenamiento de la mente.
Practica todos los yogas con un solo propósito.
Vence todos los obstáculos con un solo método.
Al principio y al final, dos acciones a realizar.
Se paciente con cualquiera de ambas que surja.
Preserva ambas, incluso al precio de tu propia vida.
Entrénate en las tres dificultades.

Respeta las tres causas principales.
Cultiva las tres sin menoscabo alguno.
Torna inseparables a las tres.
Practica con imparcialidad.
Todo el entrenamiento debe ser profundo e impregnarte.
Medita con perseverancia ante toda circunstancia.
No dependas de las condiciones externas.
De ahora en adelante, practicar es la máxima prioridad.
No te permitas estar mal orientado.
No seas inconstante.
Entrénate sin interrupción.
Libérate a través del examen y el análisis.
No busques el reconocimiento.
No te aferres a la cólera.
No seas temperamental.
No busques el agradecimiento.

Para terminar, Chekawa expresa la certeza de su confianza a fin de alentar a otros:

Gracias a la fuerza de mi intención y de mi determinación,
He ignorado mi propio sufrimiento y mi mala reputación,
y he obtenido las instrucciones para vencer a mi propio aferra-
miento al yo.
Al presente, no tengo remordimientos, aunque tuviera que morir
en este preciso momento.

Avalokiteshvara, el bodhisattva de la compasión
foto: Derek Hanger

¡Homenaje al gran compasivo!

El autor del texto raíz, Ja Chekawa Yeshe Dorje, comienza rindiendo homenaje a Avalokiteshvara, el gran Ser Despierto considerado como la encarnación misma de la compasión de todos los Budas.

Instrucciones sobre el linaje:
HE AQUÍ LA INSTRUCCIÓN CLAVE,
EL NÉCTAR ESENCIAL GENERADO POR SERLIGNPA

Hemos llegado al tema principal: los *Siete Puntos del Entrenamiento de la Mente.* Constituyen la instrucción clave de la escuela Kadampa, el linaje que proviene de Atisha Dipamkara Srijnana (982-1054). Si bien este método clave obviamente proviene del Buda, ha sido transmitido en forma de una tradición oral y secreta a lo largo de un extenso linaje de grandes bodhisattvas.

Esta instrucción clave se denomina *dütsi nyingpo*, o néctar esencial. El néctar es un líquido tan puro que incluso una gota tiene la capacidad de purificar gran cantidad de agua. Estas enseñanzas son como la esencia misma de este néctar curativo y purificador.

Este néctar no sólo tiene la capacidad de purificar la mente, sino que Atisha, al recibir estas instrucciones, logró también purificar con eficacia la transmisión del budismo. En el siglo XI, tal y como el Buda lo había anunciado, el budismo en India comenzó su declive lentamente. Cuando enseñaba, el Buda, a menudo, insistía a sus discípulos en la desaparición definitiva de sus enseñanzas, resultando de vital importancia que practicasen de inmediato y diligentemente. Advertencia que renovaba en cada *sodjong* (ceremonia para purificar los preceptos monásticos). Y, de hecho, en la época de Atisha surgieron indicios de que esta desaparición de las enseñanzas de Buda comenzaba, en efecto, a producirse en India. Por ejemplo, la unión de los linajes depositarios de los votos de bodhisattva – el linaje de Maitreya-Asanga y el linaje de Nagarjuna – ya habían desaparecido de la India en tiempos de Atisha. Todos practicaban uno u otro, pero no ambos simultáneamente. Como un gran bodhisattva, Atisha vio que podía beneficiar a los seres en el Tíbet antes de que el budismo degenerase en la India. Comprendió que plantar las semillas del *dharma del Buda* en el Tíbet era una forma de mantenerlo vivo, a pesar del declive en la India. Con ese objetivo emprendió un largo viaje hasta Indonesia para encontrar a Serlingpa, el único maestro que todavía mantenía la unión de linajes para los votos de bodhisattva.

Atisha, segundo hijo de un rey local nació en una región situada a lo largo de la frontera entre la India actual y Bangladesh. Sus padres le pusieron de nombre Chandragarbha, que significa Esencia de Luna. Cuando tenía veinte años, recibió todos los votos *vinaya* (votos monásticos) y adoptó el nombre de Dipamkara Srijnana. No fue hasta muchos años después, en la época que enseñaba en el Tíbet, que se le conoció por el nombre de Atisha.

Atisha se dirigió en barco a Sumatra, en un viaje que duró más de un año. A lo largo de este periplo, tuvo que enfrentarse a terribles obstáculos como tormentas y agresivas criaturas marinas. En un momento dado, se vio atacado por Maheshvara que tomó la forma de un gigantesco y terrorífico monstruo, causando una peligrosa tormenta que abatió la embarcación: con truenos, relámpagos, gran oleaje y un enorme torbellino que estuvo cerca de causar el hundimiento del navío. En el seno del remolino, emergió un monstruo marino, amenazando con devorar a la tripulación. Atisha permaneció en una profunda y estable meditación, generando amor y compasión. Las súplicas de los aterrados compañeros de viaje, junto al inmenso mérito de Atisha, provocaron la manifestación de Amrita Kundali, una deidad budista de forma airada, que destruyó al monstruo marino. En su ira, los rayos generados por Yamantaka abatieron incluso Pashupatinath (el antiguo complejo de templos dedicados a Shiva en Katmandú), el reino bön de Shangshung, y a los invasores mongoles que estaban decididos a atacar Bodhgaya. Finalmente, sobrecogido por el amor de Atisha y los rayos de Yamantaka, Maheshvara adoptó la forma de un chico joven e imploró su perdón. Acontecimientos semejantes acompañaron sin cesar el viaje de Atisha que al final llegó con éxito a su destino.

Una vez en Sumatra, Serlingpa, un príncipe que se había convertido en maestro budista, le confirió una calurosa bienvenida. Atisha, siendo él mismo príncipe, permaneció doce años allí y recibió todas las enseñanzas de Serlingpa, incluyendo obviamente sus instrucciones clave. Las enseñanzas del entrenamiento de la mente contenidas en este libro son precisamente estas instrucciones clave y, en particular, las relativas al intercambio de uno mismo con los demás. Es importante mencionar que incluso en la actualidad, algunos aspectos se mantienen en secreto y sólo se revelan a los practicantes más comprometidos. Así, cuando las enseñanzas traten sobre la bodhicitta última, habrá muchas cosas que quedarán sin escribir.

Antes de que Atisha regresase a la India, Serlingpa le premió con seis textos que contienen la esencia del *Mahayana* (Gran Vehículo) de forma condensada. Versado tanto en los sutras como en los tantras (enseñanzas exotéricas y esotéricas del Buda), Atisha se dio cuenta de que, de hecho, había recibido las llaves del tesoro de las enseñanzas de Buda. Experimentó una profunda gratitud hacia su mentor espiritual y se regocijó de la gran fortuna de los seres sensibles. A partir de ese momento Atisha siempre viajó con los seis textos.

Atisha tenía ya sesenta años cuando los reyes locales del Tíbet le invitaron a su país. Después de muchas súplicas, Atisha se dirigió allí para enseñar. El príncipe tibetano, Jangchup Ö, le insistió sobre la urgente necesidad de reinstaurar el budismo en su reino que había degenerado con charlatanes y magos que engañaban a su pueblo. El príncipe rogó a Atisha que pusiese fin a los conceptos erróneos y a las supersticiones. En particular, le pidió que las enseñanzas se presentasen de forma simple y secular para poder beneficiar al pueblo. Atisha condensó las enseñanzas a partir de los seis textos del Maestro Serlingpa. Compuso en pocas hojas de papel los 68 versos del ahora célebre texto *Una antorcha para el camino del Despertar* (*Bodhpathapradipa* en sánscrito). Este tipo de enseñanzas también se conoce como *Lam Rim* (*Lam*: camino; *Rim*: étapas), o *El camino gradual al despertar*.

Uno de los dos principales discípulos de Atisha era Dromtönpa (1005-1064). Juntos, tradujeron el texto de Serlingpa, *La rueda de armas afiladas que da acertadamente con el corazón del enemigo*, del sánscrito al tibetano. En un principio, Atisha solamente enseñaba *Lam Rim* a algunos discípulos elegidos y Dromtönpa era uno de ellos. Cuando Dromtönpa preguntó la razón, Atisha le respondió que solamente él era un receptáculo digno y cualificado.

Después de la muerte de Atisha, Dromtönpa estructurará las transmisiones que había recibido de su maestro y fundará el linaje conocido como Kadam. El entrenamiento de la mente era el mismo corazón de estas enseñanzas Kadam, que en un principio se mantuvieron en secreto, transmitiéndose oralmente de maestro a discípulo. El linaje de transmisión pasó de Dromtönpa a Potowa, después de Potowa a sus dos discípulos Langri Thangpa (1054-1123) and Sharawa (1070-1141). Chekawa (1101-1175), el autor del texto raíz de este libro, recibió la transmisión de Sharawa.

Nacido en un lugar llamado Lura, en el sudeste de Tíbet, Chekawa se encontró primero con un maestro conocido como Loro Rechung. Después, recibió los votos monásticos de Tsarong Joten y Tsangdulwa, ambos lamas Kadam del linaje de Atisha. Y a lo largo de los siguientes cuatro años, estudió y practicó. Un día, Chekawa escuchó a un discípulo de Langri Thangpa recitar los Ocho Versos del Entrenamiento de la mente de su maestro. Decía así: *'Aprenderé a hacer mías todas las derrotas y a ofrecer la victoria a los demás'*. Estas palabras le llegaron tan profundamente que tomó la determinación de obtener estas enseñanzas. Cuando supo que el autor de los versos había fallecido, se apresuró a averiguar quien más sería capaz de enseñarle.

Fue entonces cuando Chekawa tuvo conocimiento de que Atisha había introducido en el Tíbet estas enseñanzas de Buda. Una vez informado sobre el ilustre linaje de maestros, la mayoría de los cuales había fallecido, Chekawa se sintió aliviado al descubrir que Sharawa todavía estaba vivo. Basándose en la información que le habían proporcionado, Chekawa viajó a una región del Tíbet central llamada Zho. Allí encontró al Maestro Sharawa que le convirtió en su discípulo. Chekawa permaneció seis años estudiando junto a su maestro espiritual. Después, practicó durante trece años hasta que toda traza de egoísmo en él hubo desaparecido. Convertido ya en legítimo maestro del linaje Kadam, Chekawa comenzó a enseñar.

Chekawa falleció en el año de la oveja de madera femenino (1175), a la edad de 75 años, habiendo cumplido su deseo de practicar, preservar y ofrecer al mayor número de personas posibles estas preciosas enseñanzas de *lodjong*.

En la actualidad, aunque el linaje de enseñanzas Kadam de Atisha no se considera una escuela distinta dentro del budismo tibetano, constituye una parte integrante de las enseñanzas del linaje de cada una de las cuatro escuelas. Esta práctica esencial del Mahayana ha ganado mucha popularidad en el Tíbet y, como resultado, existe una amplia colección de obras escritas en tibetano sobre *lodjong* y *lam rim*.

Grandeza de la práctica:
LAS CINCO DEGENERACIONES QUE ESTÁN OCURRIENDO, DEBERÍAS CONVERTIRLAS EN EL CAMINO AL DESPERTAR

Actualmente atravesamos la era de las cinco degeneraciones, una época en la cual el eón favorable está terminando. Cuando hablo de 'nosotros', no me estoy refiriendo a nuestra generación, o incluso a una época que incluye una generación o dos anteriores a la nuestra. Nuestra era es la misma que la del Buda Shakyamuni; él también nació y enseñó en estos tiempos degenerados. El eón favorable ha tenido sus propios Budas, los cuatro primeros. Somos extremadamente afortunados de que un Buda se haya manifestado en este difícil eón. Durante numerosas y numerosas generaciones los seres han vivido, y lo continúan haciendo, bajo condiciones muy difíciles. Las condiciones adversas han sido denominadas 'las cinco degeneraciones' o las cinco crisis. Hoy día prevalecen al igual que lo hacían hace dos mil años:

La vida física: la duración de la vida humana se limita aproximadamente a los cien años. A pesar de los avances de la medicina moderna y la disponibilidad de comida saludable, la

Atisha
Esta thanka se le atribuye al mismo Atisha
foto : Jigme Rinpoche© Karmapa Documentary Project

esperanza de vida todavía permanece limitada. Nuestro cuerpo físico está sujeto a múltiples enfermedades que pueden acortar nuestra existencia.

La época: estamos sometidos a condiciones medioambientales precarias, resultantes de nuestro *karma* colectivo. Tenemos que afrontar muchos desastres naturales que pueden sacudirnos en cualquier momento, tales como huracanes, tornados, terremotos, inundaciones, fuegos y guerras repentinas generadas por insensatos.

La imperfección de los seres: Nuestro modo de ser actual no es perfecto. A pesar de que tenemos el potencial de desarrollarnos de manera positiva, tendemos a no hacerlo debido a que nuestras numerosas imperfecciones, tales como la agresividad, obstaculizan las posibilidades de mejorar.

Vivimos en una época en la cual la mayoría de las personas se dañan entre ellas. Nos encontramos en medio de guerras, violencia y explotación. Mucha gente sufre de terribles atrocidades perpetradas por sus semejantes. Somos igualmente crueles con los animales, y los animales mismos se atacan entre ellos. El daño que los seres vivos se infligen mutuamente está en sus peores momentos.

Los conceptos erróneos: Los puntos de vista erróneos generan muchos problemas en el mundo. Los conceptos equívocos de la gente están enraizados en el aferramiento al yo, la confusión y el egoísmo. Estos errores de pensamiento perpetúan la injusticia y la discriminación nefasta en la sociedad. Por desgracia, los conceptos erróneos se han instalado en todas las facetas nuestra vida – sea en los sistemas sociales, como en los religiosos, culturales, políticos y legales.

Emociones perturbadoras: En todas partes las personas están dominadas por las emociones negativas. De hecho, las emociones perturbadoras aparecen constantemente y de forma espontánea. Aun existiendo remedios para combatirlas, su aplicación ha demostrado ser una tarea muy costosa. Incluso en el caso de querer desarrollar una mínima virtud, el esfuerzo para hacerlo es mayor, ya que la mayoría del tiempo las emociones negativas simplemente nos superan.

Podemos observar que nuestra época es especialmente negativa. Prácticamente todos los seres vivos actúan, casi exclusivamente, motivados por una mente llena de aflicciones. La mayoría del tiempo, incluso el primer impulso para actuar está fundado en una mente afligida y está vinculado a un karma negativo. Aquello que llevamos a cabo lo hacemos únicamente para nuestro propio beneficio. Hasta los que intentan hacer el bien en sus vidas, practicando el dharma o realizando alguna otra acción positiva, van a encontrarse con numerosos obstáculos en su existencia. Si les comparamos con aquellos que viven deshonrosamente y están motivados por la negatividad, vemos que los últimos tienden a disfrutar de una vida longeva y a conocer el éxito. Por ejemplo, ¡un líder espantoso puede ser reelegido! En esta época oscura prácticamente no existe ningún método del dharma que pueda actuar como remedio, a excepción de la práctica del intercambio de uno mismo por el otro. De manera que, esta instrucción clave de intercambiarse con el otro es la única forma de que incluso las cinco degeneraciones puedan utilizarse para progresar en el camino al despertar. Sabiendo esto, todo es útil; incluso las cosas que normalmente hubieses juzgado como malas, de repente son buenas y pueden emplearse para obtener un resultado positivo. Lo que a su vez significa que este método vencerá el karma negativo tanto como los estados mentales afligidos y sus consecuencias. Todo puede asumirse y ser utilizado para el despertar. Todo se transformará, y te encontrarás rindiéndote al despertar.

ES LA DISCIPLINA PRINCIPAL, SIEMPRE TAN PRECIOSA COMO EL DIAMANTE, EL SOL, EL ARBOL MEDICINAL.

El Buda ha impartido numerosas enseñanzas e instrucciones, diferentes en función de las capacidades e inclinaciones de sus estudiantes. Los métodos varían en cuanto al nivel de dificultad y de realización, pero entre las innumerables prácticas del dharma, el *lodjong* es la mejor de las disciplinas, tan inestimable como un perfecto diamante. Su valor es inconmensurable porque es la verdadera llave que abre la puerta interior al despertar.

Otro símil ilustra el esplendor del *lodjong*: como se ha dicho, estas enseñanzas preciosas brillan tanto como el mismo sol. Tenemos a nuestra disposición gran variedad de luces artificiales, tales como las velas, las lámparas de gas o la luz eléctrica. Pero frente al sol, todas estas luces artificiales son superfluas. El sol disipa completamente la oscuridad y en su presencia todo se revela claramente. De la misma forma, el *lodjong* disipa la ignorancia de nuestra mente y muestra todo tal y como es.

Un tercer símil subraya el poder especial del *lodjong* de acelerar nuestra progresión en el camino: el entrenamiento de la mente es comparable a las raíces de un árbol medicinal. Las raíces contienen todos los elementos activos y estas esencias curativas impregnan a su vez al árbol entero: tronco, ramas, hojas, etcétera. Cada célula del árbol contiene los remedios y podemos recolectarlos en cualquier parte del árbol. Asimismo, el entrenamiento de la mente constituye la mejor raíz de toda la práctica del dharma. Una vez el *lodjong* ha tomado raíz en nosotros, impregna toda práctica que hagamos con un mismo poder capaz de conducirnos rápidamente hasta el despertar.

A través de estos tres símiles deberías comprender, saber y recordar las cualidades superiores del *lodjong*, éstas dan testimonio de que el entrenamiento de la mente va a ser la más valiosa y significativa práctica de tu vida.

Aprender los preliminares

Primer punto:
Aprender los preliminares y, además, entrenarse en no conceptualizar las tres esferas

Toda explicación sobre las instrucciones preliminares debe incluir una compresión de la pureza de las tres esferas, es decir, el agente, el objeto sobre el que se actúa, y la acción misma. Hay que entender que estos tres elementos *no* se consideran como sustancialmente reales. En cualquier acción realizada como se indica, las tres esferas no deben conceptualizarse como realmente existentes. Este punto se clarificará en breve.

En primer lugar, adiéstrate en los preliminares.
Piensa que todos los fenómenos son como un sueño.

La primera etapa hacia el despertar consiste en tomar refugio en las Tres Joyas: el Buda, el Dharma y la Sangha. No obstante, aun antes de dar este primer paso de tomar refugio, debes cultivar *los cuatro pensamientos que dirigen la mente*

hacia el despertar: esta preciosa existencia humana, la impermanencia, el karma, y los defectos del *samsara*. Es importante reflexionar realmente en ellos para obtener beneficios
duraderos. Tienes que comprender el sentido de los Cuatro
Pensamientos porque te conciernen. ¿Qué sentido tienen *en
este momento* en tu vida? Mira la diferencia cuando reflexionas
sobre ellos y los aplicas a las situaciones cotidianas. Será así
como comenzarás a apreciar sus cualidades.

Las explicaciones detalladas sobre los Cuatro Pensamientos están disponibles en muchos textos, de forma que aquí voy
a presentarlos sólo de manera general.

La Preciosa Existencia Humana

Las enseñanzas del dharma explican en detalle lo que
constituye una preciosa existencia humana. No se trata únicamente de una generalización, sino más bien que la preciosa
existencia humana se refiere a *ti*. Puedes practicar el dharma y
así tu vida será preciosa: *tú* tienes la opción de seguir el dharma; *tú* dispones de tiempo para asistir a enseñanzas de dharma; *tú* tienes el intelecto necesario para entender el sentido;
y *tú* eres físicamente capaz de practicar. Esto te permite darte
cuenta de lo afortunado que eres.

La siguiente historia tradicional es una buena metáfora
que ilustra cuan preciosa es nuestra existencia humana. Una
vez un mendigo se encontró un enorme rubí al borde del camino. Desconocía su valor y que podía obtener mucho dinero a cambio de este. Así que continuó mendigando todo ese
tiempo para alimentarse mientras el rubí seguía en su bolsillo.
Al final, murió siendo mendigo. No hizo uso de esta piedra
preciosa, de manera que para él no tuvo ningún valor. Esta
historia tan sencilla señala que si no te das cuenta de lo increíblemente preciosa que es tu vida ahora, va a ser igual de
valiosa que tener un rubí escondido en el bolsillo.

La impermanencia

Pensar en la impermanencia, en lo inevitable de la transformación y la muerte, cambia la forma de relacionarte con todo. Es importante ser consciente de ello. Los momentos que pasan se convierten en días, los días en meses, los meses en años, y los años que pasan se convierten rápidamente en nuestra vida misma que pasa. Hay tantas cosas que queremos experimentar y hacer a lo largo de nuestra vida, pero tan poco de eso llevamos a cabo. ¡Piensa en cuantos años pueden pasar sin ni siquiera terminar un libro que tienes apartado para leer! La vida es así. Simplemente pasa sin darte cuenta. Puesto que esta vida en particular es tan preciosa, no deberíamos malgastar nuestro tiempo siguiendo los caprichos de nuestra mente errante. Teniendo en cuenta que desconocemos el tiempo que viviremos, y sin ninguna garantía de disfrutar de renacimientos futuros favorables, debemos valorar el tiempo precioso que tenemos ahora mismo y no desperdiciarlo.

El karma

Respecto al karma, deberías examinar de cerca las causas y consecuencias que se revelan por sí mismas en las distintas situaciones que atraviesas. Todo proviene de una causa. En la medida que comprendas que las causas negativas producen siempre resultados negativos, tomarás la decisión de actuar positivamente. Entender como las semillas kármicas se plantan y maduran puede ayudarte a comprender cómo funciona el karma. Fundamentalmente, la mente presa de la ilusión es el origen de cada vida, y su experiencia del reino de existencia particular en el cual vuelve a nacer, es la ilusión que esta proyecta. En todo el curso de la vida, la experiencia de cada instante y de cada impresión depende de tu conciencia. Las enseñanzas explican que hay una conciencia distinta para cada órgano sensorial: hay una conciencia visual, una conciencia auditiva, una conciencia gustativa, una conciencia olfativa y una conciencia del tacto. Además, hay una conciencia mental. Todo lo que ves depende del funcionamiento de tu conciencia visual, lo que hueles de tu conciencia olfativa, etcétera, y lo que piensas depende de tu conciencia mental. Todas las conciencias asociadas a los órganos físicos rinden cuentas, por así decirlo, a la conciencia mental; así, las impresiones visuales, auditivas, gustativas, son recogidas por las conciencias de los órganos sensoriales, y transmitidas a la conciencia mental. Ésta las reúne para formar todo tipo de objetos mentales completos – imágenes, pensamientos, conceptos. Esta conciencia mental, a su vez, comprende el espacio en el cual quedan plantadas las semillas o impresiones kármicas. Esa es la base de todo. Factores como la ignorancia, el egocentrismo, el orgullo, la cólera, la envidia y el odio plantarán semillas negativas, mientras que las positivas tendrán por origen cosas como la ausencia de ego, la compasión y el amor bondadoso. Entre los resultados de estas semillas positivas está el precioso renacimiento humano. La intensidad de los resultados de cualquiera de estas semillas va a depender mayormente de la intensidad de tu intención. Intenta, por un tiempo determinado, pensar únicamente en positivo y rápidamente te vas a dar cuenta de hasta qué punto los estados mentales negativos aparecen mucho más fácilmente que los positivos. Hace falta una enorme voluntad para pensar en positivo, y no se necesita hacer ningún esfuerzo para que la mente permanezca en la negatividad. Ahora piensa cuantas veces tú y otros, espontáneamente y sin esfuerzo, habéis plantado semillas negativas en vuestra corriente mental desde tiempos sin comienzo. Resulta imposible enumerar las semillas negativas, son incontables y poderosas; actúan como una multitud insistente que expulsa a los estados mentales positivos fuera de su camino. Esto se vuelve especialmente acusado después de la muerte, en el *bardo* (estado intermedio), entre el final de una vida y el renacimiento de la siguiente. En este momento tan inseguro y crítico, antes de que el próximo renacimiento esté asegurado, esta masa insistente de karmas negativos va a abrirse paso hasta el primer plano de tu experiencia, dificultándote las cosas. Los poderosos métodos del entrenamiento de la mente pueden eliminar estas semillas negativas; y esta práctica debería asumirse *ahora*, en *esta* muy preciada vida humana. Si no haces uso de estos potentes métodos, una oportunidad tan buena como tu situación presente puede no volver a presentarse en billones de vidas.

Los defectos del samsara

Si bien la naturaleza insatisfactoria del samsara, reflexionando sobre ella, es una evidencia, no obstante, te tienes que convencer a ti mismo para hacerlo. Podemos examinar el samsara en términos de una experiencia individual o colectiva. Empecemos con la individual. Cada ser humano de este planeta aspira a la felicidad. Todos queremos ser lo más felices posible. ¿De dónde imaginamos que viene la felicidad? En general, la asociamos a una deliciosa comida, a una historia de amor, a la sexualidad, a la fama y al poder. El hombre o la mujer más increíblemente ricos del planeta no puede obtener más que una buena comida, un romance, la fama y el poder. Si examinamos donde nos conduce cada una de estas cosas, los resultados son interesantes. La buena comida con el tiempo hará que enfermes - enfermedades cardíacas, diabetes, aumento de peso, y la lista continúa. La relación amorosa depende inevitablemente de las emociones de tu pareja. Dado que cada persona tiene su propio ego, al igual que emociones negativas en abundancia, ¡el romance nunca parece durar lo suficiente! Terminarás por estar insatisfecho y caer en la depresión y la ansiedad. Aunque tengas la suerte de disfrutar de una relación amorosa de larga duración, llegará a su fin cuando te hagas mayor y te mueras. La fama siempre atrae enemigos a causa de la envidia que suscita en los demás. La vida de una persona famosa está llena de incomodidades, desprovista de libertad y carente de intimidad. La fama no tiene un objetivo final, se reduce a un precario estado presente con un inevitable final. Igualmente, el poder y el privilegio generan enemigos. Una vida de poder es una vida de lucha: la lucha para mantenerlo, para protegerlo y para no permitir que se escape. Tampoco tiene ningún objetivo último. Entonces, uno puede preguntarse: aparte de estas cosas, ¿qué hay de bueno en el samsara?

Examinemos ahora la experiencia colectiva, comenzando por la de los seres humanos. La vida transcurre cada día. Tu vida y la de los demás, ya sean amigos, enemigos, familiares, etcétera, va pasando. Esta es la experiencia del género humano que mencionábamos en más detalle previamente. Pero además hay otros reinos a tener en cuenta. Tal es el caso de la experiencia samsárica de los animales. Sus vivencias son exactamente las que vemos - siempre están listos para atacar o ser atacados. Sus existencias están repletas de miedo y sufrimiento, y dirigen sus vidas bajo el peso de la ignorancia hasta llegar a su fin. Su única esperanza es disfrutar de un futuro renacimiento más favorable. Asimismo, hay muchos otros reinos, bastante cercanos al de los seres humanos y los animales, pero a la vez, muy diferentes. Entre otros, los espíritus ávidos, esos seres desafortunados que viven constantemente atormentados por la sed y el hambre que nunca puede ser satisfecho. Así como el sufrimiento ilimitado de los seres en los reinos infernales. En el lado opuesto, también encontramos muchos seres que han nacido en reinos de existencia mucho más confortables que el nuestro, tales como los dioses y los semidioses. Pero este tipo de renacimiento se produce exclusivamente sobre la base de un karma positivo que, una vez agotado, se verá expulsado fuera del camino por la multitud insistente de karma negativo, provocando la caída de estos seres en los reinos infernales después de su muerte. La impermanencia es ineluctable e inevitable, independientemente del reino en el que hayas nacido. Y, desde tiempos sin principio, durante tanto tiempo como el que hayas permanecido en la ignorancia y en el aferramiento al yo, has estado acumulando karma. Por lo tanto, una vez encontradas las directrices claras para *salir* del samsara, ¡no debes dejar pasar la oportunidad!

Si te entrenas en integrar los cuatro pensamientos en tu visión, tu comprensión será más profunda y tu compromiso le seguirá como consecuencia. Es bueno reflexionar sobre las biografías de los *mahabodhisattvas* (Atisha, Shantideva, Milarepa, por ejemplo) porque sus excelentes cualidades te pueden inspirar a querer desarrollar lo mismo, tales como su gran paciencia y su determinación.

Una vez que hayas reflexionado lo suficiente sobre estos cuatro pensamientos, es el momento de considerar las cualidades de los objetos de refugio. Haciendo esto se plantan poderosas semillas kármicas en la mente. Reforzadas por el poder de la toma de refugio, estas semillas saludables se abrirán camino hasta el primer plano de tu vida, *en cada una de tus existencias*. En todas y cada una de tus vidas vas a encontrar el camino que te conduzca a las enseñanzas. Para una profunda reflexión sobre las cualidades de las Tres Joyas lo mejor es leer el Sutra que recuerda las cualidades de las Tres Joyas (*dkon mchog gsum rjes su dran pa 'i mdo* en tibetano). Aquí simplemente voy a dar una breve explicación.

Buda

Cuando se obtiene algún beneficio siempre es doble: para uno mismo y para los demás. Convertirse en un Buda conlleva el mayor beneficio posible para uno mismo ya que estarás completamente iluminado. Toda ignorancia será disipada de raíz y habrás alcanzado plenamente el nivel de *dharmakaya*, o cuerpo de la naturaleza verdadera que es la sabiduría intemporal y despierta de un Buda. Para los demás, el beneficio es igual de espléndido: manifestando el *sambhogakaya* y el *nirmanakaya*, los cuerpos formales que cumplen los deseos y el júbilo de todos los seres; un Buda, de manera espontánea y sin esfuerzo, ayuda y beneficia a los demás adecuándose sus necesidades. Ese es el estado de Buda. El último beneficio de tomar refugio en el Buda, por tanto, es plantar las semillas de tu propia obtención de la budeidad. El beneficio temporal e inmediato es que esta semilla de budeidad va a permitirte acumular todo el mérito necesario para alcanzar el despertar.

Dharma

El dharma es a la vez la experiencia de la realización y las explicaciones que constituyen la palabra del Buda. El significado del dharma es perfecto, su formulación es perfecta y responde perfectamente a las necesidades de los seres sensibles en el camino al despertar. Cuando tomas refugio en el dharma, el beneficio último es que se siembra la semilla en tu corazón para poder dirigir a todos los seres sensibles a la budeidad gracias al poder ilimitado y perfecto de la palabra. Proporcionarás instrucciones completas e insuperables a todos los seres vivos. En efecto, no existe fenómeno alguno que no pueda ser explicado por un Buda. El beneficio temporal es el mérito del propio dharma: en todas tus vidas escucharás el Dharma y lo comprenderás. Nunca abandonarás el camino del despertar.

Sangha

Sangha es el término que se utiliza para designar a la perfecta comunidad de practicantes. Existen dos: la sangha ordinaria y la sangha suprema. La sangha ordinaria, en realidad, no es ordinaria en absoluto. La sangha ordinaria está compuesta por aquellos que respetan la disciplina vinaya perfectamente, con sus 253 votos. Su mente está bien entrenada en la práctica de *shiné* (la meditación de la calma mental, *shamatha* en sánscrito) y *lhaktong* (la meditación de la visión superior, *vipashyana* en sánscrito) y su motivación para el despertar es grande. Allá donde haya cuatro o más de ellos reunidos, todo el potencial de mérito de la sangha estará presente. Lo que significa que, si alguien ofrece algo para ellos obtiene el mérito resultante de ofrecer a la sangha perfecta, incluso si no han alcanzado aún un alto nivel de realización.

La sangha suprema, o no ordinaria, se compone de aquellos que poseen los dos votos de bodhicitta, la aspiración altruista, y que practican intensamente y con destreza las seis *paramitas* o perfecciones. Esto significa que se han comprometido con la perfecta conducta de un bodhisattva, y que esta conducta perfecta no depende de los 253 votos. La sangha suprema está compuesta de arhats, pratyekabudas y bodhisattvas que ya han alcanzado el camino de la visión.

Cuando tomas refugio en la sangha, el beneficio último es que en cada una de tus vidas encontrarás a maestros supremos. En última instancia obtendrás el despertar. El beneficio temporal es que estarás protegido de no ser bien guiado. Además, el mérito resultante de ser un respetable discípulo de la sangha trae por consecuencia disfrutar continuamente de una buena existencia humana. No caerás en ninguna de las ocho formas de existencia desfavorables (en un reino infernal, en el reino de los espíritus ávidos, en el reino animal, en el reino salvaje, en el reino de los dioses durmientes[2], como humano, pero sumergido en creencias erróneas, en un reino donde la enseñanza de Buda no existe o con discapacidades que le impiden a uno practicar y entender el dharma).

Por tanto, si reflexionas sobre estos inmensos beneficios, verás que es extremadamente importante comenzar tomando refugio. Es esencial como base del entrenamiento de la men-

---

2   En este caso, el karma positivo de haber practicado mucho la meditación de shamatha conduce a renacer en un reino de dioses, pero, a causa de una mente torpe y confusa, uno simplemente permanece dormido durante miles o incluso millones de años.

te. En el caso ideal, deberías estudiar como acrecentar el mérito de tus votos de refugio y cómo evitar errores que pudieran dañar este precioso mérito.

Después de haber tomado refugio, puedes tomar los votos suplementarios. Sean votos de laico, de novicio, votos Brahmacarya (totalmente libre de la vida familiar, viviendo como Milarepa), o de monje totalmente ordenado, el que se corresponda con tu capacidad de renunciar al samsara. Por último, puedes, después de esto, recibir los votos de bodhisattva. Sin tener los votos de refugio no podrás recibir los votos de laico o los votos monásticos y, sin estos últimos, no tienes en que apoyarte para recibir el voto de bodhisattva. Sin el voto de bodhisattva, no hay base para la práctica de *lodjong*.

Shiné ordinario

Otro aspecto de los preliminares consiste en reconocer que la mente necesita ser adiestrada. Los pensamientos tienen que ser dominados. Para llevarlo a cabo necesitas aprender shiné o la meditación de la calma mental estable. *Shi* es la abreviatura de *shiwa*, palabra tibetana que significa «tranquilo", "calmado» o «en paz». *Né* es la abreviatura de *népa*, que significa «reposar» o «permanecer». Esta práctica de shiné tiene numerosas variedades, pero es fundamental aprender el nivel inicial para obtener gran estabilidad en la concentración. Con el fin de aprender esta meditación en la concentración, primero debes saber cómo sentarte.

La postura

1. Cuando medites, debes sentarte con la espalda derecha. Las piernas pueden estar totalmente cruzadas, en la posición del loto completo, o bien pueden estar simplemente medio cruzadas, con la pierna derecha hacia fuera y la izquierda hacia dentro. En general, una persona con las piernas más largas se sentará en un cojín más alto, pero la altura de este va a depender realmente de tus proporciones físicas. Lo importante es que la columna vertebral esté completamente derecha. El estómago se mete ligeramente hacia adentro, mientras que, para equilibrar, el abdomen se posiciona un poco hacia adelante. Así se mantiene la parte central del cuerpo muy derecha, lo que corresponde a la postura ideal para la meditación.

2. Para que la parte central del torso esté aún más derecho, los hombros también deberían estar equilibrados y derechos.

3. En cuanto a las manos, puedes colocarlas juntas en la postura de la meditación; es decir, con las palmas mirando hacia arriba, la mano derecha sobre la mano izquierda, dejándolas reposar en tu regazo. Alzar los hombros ligeramente hacia arriba y hacia atrás, de tal manera que los brazos presionan con suavidad sobre los costados de tu cuerpo. Esta posición refuerza aún más una columna vertebral derecha y en posición vertical. Alternativamente, puedes apoyar las manos sobre tus rodillas, con las palmas hacia abajo, teniendo cuidado de mantener los hombros derechos.

4. Curvar ligeramente la nuca, de forma que el mentón esté un poco metido hacia dentro, en dirección a la caja torácica.

5. Los ojos están semi-abiertos, mirando al frente y ligeramente hacia abajo.

6. La boca no debe estar abierta, ni tampoco firmemente cerrada ejerciendo presión. Los labios están relajados, en una posición muy natural.

7. La respiración se realiza principalmente a través de la nariz y no de la boca.

Estos son los puntos esenciales de una postura correcta del cuerpo para meditar. Veamos ahora las instrucciones sobre cómo debe concentrarse la mente.

Para entrenar a la mente a concentrarse debes enfocarte en tu respiración. Hay una serie de técnicas para llevarlo a cabo. En primer lugar, imagina tu respiración como un brillante haz de luz, muy fino y con forma de arco. Mientras inspiras y expiras, concéntrate en este rayo de luz en forma de arco que entra y sale por tus fosas nasales. Cuando entra por las fosas nasales, sube por la nariz y luego desciende por el cuerpo hasta el ombligo y vuelve a salir[3]. Cuenta cada respiración – es decir, una expiración y una inspiración - hasta llegar a 21 respiraciones en total. Puedes comenzar con una suave inspiración y, a continuación, empezar a contar en el momento que expires e inspires de nuevo - uno. Expirar e inspirar - dos. Expirar e inspirar - tres, y así sucesivamente. Respira de forma relajada, haciendo una pausa entre cada inhalación y exhalación. Para ayudarte a contar, puedes usar un *mala* (rosario de meditación) o contador manual. Cuenta 21 respiraciones y luego tómate un breve descanso. A continuación, empieza de nuevo contando las respiraciones hasta 21, a la vez que imaginas la respiración como un arco de luz.

La primera vez que trates de hacer esto, tu mente se va a distraer y resultará difícil contar hasta 21 respiraciones. No te preocupes si te resulta muy difícil al principio. Con calma, simplemente trae la atención de vuelta a tu respiración. El hecho de contar 21 respiraciones con una buena concentración va a engendrar tranquilidad en tu cuerpo, tu habla y tu men-

---

3   A algunas personas les resulta extraño visualizar la respiración llegando al ombligo. En ese caso, es posible imaginar que desciende hasta los pulmones.

te. Cuando consigas contar 21 respiraciones sin ningún tipo de perturbación o distracción significa que ya has alcanzado una concentración de muy buena calidad. Cuando puedas hacerlo muchas veces con la misma calidad de concentración, tu mente se habituará rápidamente a esta disciplina.

Cuando seas capaz de contar 21 respiraciones las suficientes veces como para que el número total de respiraciones sea de 21.000, realmente habrás logrado un buen resultado: la verdadera tranquilidad. Obviamente, esto lleva su tiempo. Hacen falta aproximadamente cinco minutos para contar 21 respiraciones. Esto significa que puedes contar alrededor de 252 respiraciones por hora. Para completar el total de 21.000 respiraciones necesitarías cerca de tres días y medio de concentración ininterrumpida. Por supuesto, ¡puedes hacer descansos! Si te concentras, por ejemplo, ocho horas al día, serás capaz de llegar a contar 21.000 respiraciones en diez días y medio. Si puedes cumplir esto, los resultados serán excelentes[4].

En esta etapa, también es bueno poner en práctica un poco de filosofía analítica. Mientras concentras tu mente en la respiración, examina qué relación hay entre ambas. ¿Es la mente lo mismo que la respiración? ¿Es la mente diferente a la respiración? En un primer momento, entendemos que la mente no es lo mismo que la respiración, la respiración es en lo que la mente se focaliza, por tanto, no son lo mismo. Al mismo tiempo, una mente que se centra en la imagen de la respiración no *está separada* de la respiración misma. Esto es así porque para poder tener una visión de la respiración en la que centrarse, la mente y la respiración tampoco pueden ser totalmente independientes. De hecho, ninguno de los dos puede existir de

---

4   Al principio, si contar te resulta demasiado difícil, puedes utilizar simplemente el tiempo como medida: cinco minutos son veintiún ciclos de respiración. Concéntrate durante cinco minutos y luego haz una pausa.

forma independiente. Sin la mente, este tipo de concentración en la respiración no es posible. *La expiración, la inspiración ¿Existen por sí mismas?* No, porque hay un control. Sin focalizar la mente, no respirarías así. La mente y la respiración dependen la una de la otra para 'existir' en la medida que las experimentamos. Como en el caso de todos los fenómenos, aquello que se percibe y la mente que lo percibe no son distintos. Así, la mente y la respiración no son, ni de la misma naturaleza, ni diferentes. Esta es la naturaleza de la ilusión: vacía, como un sueño. Permítete experimentar la mente y la respiración ni estando separadas ni siendo una sola cosa. Con esta comprensión, mientras meditas no deberías aferrarte ni a la mente ni a la respiración como realmente existentes.

OTRAS PRÁCTICAS DE SHINÉ

Una vez alcanzado un shiné muy estable, como se ha descrito previamente, se puede aplicar en distintos ámbitos. De hecho, existen numerosas prácticas diferentes de shiné de manera que puedas aplicar tu destreza en la concentración para controlar y dominar las diversas y múltiples distracciones.

Si con el tiempo deseas controlar las numerosas distracciones sutiles que afectan a todo el mundo, que además es la única manera de cultivar una diligencia sostenida en la meditación, debes controlar *en primer lugar* las distracciones mayores que se producen en el primer plano de la experiencia. A este nivel superficial, los múltiples placeres pasajeros de la vida no privan precisamente de posibles distracciones y, para que alcances con el tiempo el objetivo de controlar las distracciones más sutiles, debes comenzar por dominar las más superficiales. Lo que sigue es una serie específica de prácticas de shiné diseñadas para capacitarte a controlar las distracciones. Estas prácticas tienen objetivos bien concretos y, una vez dominadas, no es necesario seguir practicándolas.

Remedio para el deseo:
La concentración en lo repulsivo del cuerpo

La manera más eficaz de remediar el poder del deseo es concentrándose en la impermanencia del cuerpo. En primer lugar, visualiza tu cuerpo tan claramente como puedas. Trata realmente de entender y saber que no es más que una colección de partes dependientes unas de otras - el esqueleto es una colección de huesos unidos por ligamentos que contiene y protege a muchos órganos, está cubierto por una red de músculos, también hay carne, grasa, el sistema circulatorio, el sistema nervioso, etcétera y envolviendo todo como una bolsa, está tu piel. Ahora imagina en tu frente, entre los ojos, una zona de putrefacción del tamaño de la punta del dedo pulgar. Esta mancha que está ahí, pudriéndose, ¿de qué color es?, ¿qué colores adoptará? Piensa en los colores inmundos que presenta un cadáver en descomposición. Estos colores se suceden ahora en tu propia frente. Entonces la putrefacción empieza a extenderse por todo tu cuerpo. Todo tu cuerpo está pudriéndose, descomponiéndose y, de hecho, comienza a desprenderse. Tu carne putrefacta cae en pedazos al suelo a tu alrededor. Tus órganos también pudriéndose, se descomponen y se caen a pedazos al suelo. Ahora, lo único que queda entero es tu esqueleto junto con un pequeño trozo de carne fresca en la parte superior de cada pie, cerca del dedo gordo. Estos dos pequeños puntos, cada uno del tamaño de la punta de tu dedo pulgar, es lo único que queda sin verse afectado por la descomposición. Ahora, incluso tu esqueleto comienza a desintegrarse, cayendo en pedazos esparcidos todos por el suelo. Ese montón de huesos que conformaban tu esqueleto comienzan a expandirse y a crecer. Crecen hasta el punto de que te resulta casi inconcebible su gran tamaño. Dondequiera que vivas, en el continente que sea, imagina a tu esqueleto expandiéndose hasta alcanzar las orillas de los océanos de todas las direcciones. De este a oeste, de norte a sur. Tus huesos son inmensos, una calavera gigantesca, con una columna vertebral desmesurada, etcétera. Luego, lentamente, muy lentamente, comienza a reducirse y reconstituirse, volviendo poco a poco a su tamaño anterior, retomando paulatinamente la posición sentada. Después, cuando tu esqueleto ha retomado totalmente su estado habitual, los pequeños trozos de carne fresca que quedaban cerca de los dedos de los pies comienzan a extenderse. A partir de ellos, todo vuelve a crecer: los órganos, los músculos, la sangre y el tejido. Finalmente, tu rostro se recompone. Todo reaparece a excepción de una pequeña marca en el entrecejo, lista para descomponerse de nuevo. Toma un pequeño descanso en ese momento, antes iniciar de nuevo la meditación. Después de haber practicado esta meditación muchas veces, llegarás a un punto en el que tu reacción, hacia tu propio cuerpo y al cuerpo de los demás, será de náusea y repulsión. Llegados a ese punto, es momento de parar. Una vez terminada tu sesión de meditación, no continúes con la imagen de ese punto de la descomposición ahí. Como se explicó previamente, en post-meditación, no debes aferrarte a esto como si fuera real.

Remedio para la ira:
Concentración en la compasión y el amor bondadoso

La manera más eficaz de poner remedio a la ira es cultivar el amor bondadoso y la compasión. Con el fin de cultivar la compasión, debes concentrarte en el sufrimiento que impregna la mente de todos los seres. Hay tres tipos de sufrimiento en la mente: el sufrimiento, la tristeza y la decepción. Una mente sufriente es una mente que sufre constantemente por una cosa u otra. La causa puede ser un dolor físico, por ejemplo. Una mente triste se debe principalmente a una manera particular de pensar: lo que tú necesitabas no ha ocurrido y lo que no necesitas ocurre, etcétera. Todo aquello que contribuye a la tristeza y a la depresión forma parte de una mente triste. A diferencia del sufrimiento y la tristeza que vienen del interior, la decepción proviene del exterior. Todo hecho o persona que te hiera o perjudique, te va a contrariar. Esa es la decepción.

En primer lugar, reflexiona sobre estos tres tipos de sufrimiento que afligen tu mente. Ahora piensa en cómo los demás sufren de estas tres mismas formas de sufrimiento. Primero concéntrate en las criaturas más pequeñas - hormigas, lombrices de tierra, etcétera. Mira cómo todas y cada una de las hormigas tiene una mente individual y cómo cada mente, no importa cuán pequeña sea, se ve afligida por estos tres tipos de sufrimiento. Trata de percibir realmente cómo sienten su sufrimiento. Ahora, considera progresivamente a seres cada vez más y más grandes - perros, vacas, etcétera- concentrándote en cómo cada criatura viviente está dotada de una mente y en la forma en que esa mente se ve afectada por los tres tipos de sufrimiento. Trata de sentir su dolor. Continúa así hasta que llegues al nivel de la mente humana. Percibe cómo los demás experimentan este dolor constante, tanto como tú, dejándote realmente experimentar su dolor. Sintiendo su dolor tan fuerte como el tuyo, cultiva en este momento el deseo de que todos los seres estén libres de estos tres tipos de sufrimiento.

Considera ahora la naturaleza de este sufrimiento, ¿qué es?, ¿de dónde viene? Piensa dónde se produce el sufrimiento: en la mente. El sufrimiento impregna cada instante de la mente, cada instante de la mente conlleva tristeza, decepción y sufrimiento sutil. Esta es la verdad real de la primera noble verdad: hay *sufrimiento*. La mente no tiene ni un momento de paz. Consideremos ahora cómo, en el caso de que no hubiese sufrimiento en la mente de un individuo, de hecho, no habría sufrimiento en absoluto. Entonces, ¿qué es la mente? Examínalo de cerca y verás que cada instante de la mente es impermanente, sin consistencia ni duración. Cambia de instante en instante, sin que haya una esencia única y sólida subyacente. Gracias a esta investigación sincera vas a descubrir que la mente está vacía, en realidad, que detrás de ella no hay nada parecido a un yo. Así que, efectivamente, lo que subyace a la experiencia de cada uno de estos tres tipos de sufrimiento es la creencia errónea en un yo, la creencia errónea en el carácter permanente de la mente. Habiendo entendido ahora que todos los seres –incluyéndote– sufren de la misma forma, que no hay un yo que sufra y que la mente está vacía genera el intenso deseo de ver a todos los seres libres del sufrimiento. Desear que se liberen de todo tipo de sufrimiento, es compasión. Después de haber generado el deseo sincero de que todos los seres estén libres del sufrimiento, cultiva igualmente un intenso deseo de que experimenten la felicidad. Para ello toma conciencia del hecho de que cada ser viviente tiene el mismo deseo de felicidad que tú, y luego concéntrate en el profundo deseo de que cada uno de los seres experimente auténtico gozo. Eso es el amor bondadoso.

Esta concentración es extremadamente meritoria. Genera un mérito ilimitado. La puedes practicar durante semanas hasta que logres concentrarte cómodamente y sin problemas en el momento de sentarte a meditar en lo siguiente: todos los seres sufren exactamente como yo; el sufrimiento está en la mente; cada instante de la mente está desprovisto de existencia; la corriente mental está, por tanto, vacía y no hay nada a lo que aferrarse; puedan todos los seres comprender esto y liberarse del sufrimiento. Todos los seres desean la felicidad tanto como yo; puedan todos los seres experimentar auténtico gozo.

Remedio para el orgullo:
    ¿Dónde estoy?
    La próxima contemplación es el remedio ideal para el orgullo y el aferramiento al yo. Esta meditación nos permite entender que no hay un yo al que aferrarse ni por el que sentirse orgulloso.

Comienza considerando cuál es la naturaleza del aferramiento o del apego. ¿Es el apego independiente? No, no puede ser independiente porque requiere de algo a lo que apegarse. Por ejemplo, 'ese es *mi* teléfono' o 'esos son *mis* zapatos'. Ahora reflexiona sobre la forma en que te aferras a ti mismo como siendo especial, único, el centro de tu propio mundo. ¿A qué te aferras? ¿A qué, de este *tú*, te aferras? ¿A tu forma física? Piensa en las distintas partes que constituyen tu forma. Considera sólo tu piel, desde la punta de los dedos de los pies a la parte superior de su cabeza, de atrás hacia adelante, solamente la piel. Pregúntate a ti mismo: «¿eso soy yo?». A continuación, piensa en tu carne, músculos, grasa, órganos, etcétera, en todas las partes. Tómate el tiempo de consultar libros de anatomía para obtener una impresión de lo que son los tejidos, y entonces haz uso de tu mente para tener una representación de tu *propia* carne. ¿Dónde estoy «yo»? *¿Eso* soy yo? ¿Estoy en alguna parte de mi carne? ¿En mi corazón? ¿En mi cabeza? Ahora piensa en tus venas. Mentalmente retira la carne, los músculos y los órganos de tu cuerpo y piensa en todo tu sistema circulatorio. ¿Dónde estoy *yo* en esta red de venas, arterias y capilares? Mientras haces esto de buscarte a ti mismo, sin duda todavía hay un sentimiento del yo que permanece. Pero intenta localizarlo en algún sitio. Descubrirás que el «yo» no está en ningún sitio.

Ahora piensa en todos los líquidos de tu cuerpo: la sangre, la linfa, el agua, la orina, etcétera. ¿Hay algo en todos los litros de diversos líquidos que seas *tú*? Ahora dirige tu atención a tus huesos. Concéntrate en cada parte de ti, pensando en los huesos de cada parte de tu cuerpo. Considera poco a poco todas y cada una de las partes de tu estructura ósea. Busca algo ahí a lo que aferrarte como un «yo»: *¿eso* soy yo? Examina ahora el espacio dentro de tu cuerpo: hay espacio dentro de los intestinos, en la médula de tus huesos, en el espacio dentro de tus venas, en tus pulmones, oídos, etcétera. ¿Puedes encontrar un yo en alguno de estos lugares? A continuación, piensa en todos los elementos de tu cuerpo, el aire, el calor, el frío. *¿Eso* soy yo? Ahora recapacita sobre las conciencias sensoriales, la capacidad propia de consciencia de cada órgano sensorial, y trata de encontrar un yo ahí. ¿Se encuentra mi *yo* en mi conciencia del sonido? Si te aferras a un yo existente en tu conciencia auditiva, ¿cómo puede suceder la conciencia visual? ¿Dónde está el *yo* cuando veo? ¿Y qué ocurre con el gusto, el tacto, el olfato o incluso el acto de pensar? ¿Cómo puede estar el yo por separado en cada uno de estos sentidos? Si cada conciencia sensorial tiene un yo, debes tener al menos cinco o seis yoes – no eres uno, eres múltiple. Eso significaría que por cada conciencia sensorial hay un yo separado. ¿Cómo puedes ser múltiples yoes? Si piensas que tienes un solo yo englobando todo, esto implicaría entonces que podrías escuchar con los ojos, ver con la piel, etcétera. Si no puedes encontrar un yo en ninguna de esas partes, entonces, ¿dónde podría estar colectivamente? Así es como se medita.

Después, en la post-meditación, ten en cuenta cómo tu idea del «yo» es simplemente una ilusión. Has examinado todas y cada una de las partes de tu cuerpo y no has encontrado un yo. Se trata simplemente de una ilusión. Por tanto, puesto que no hay nada a considerar como siendo 'tú mismo', no hay nada a lo que aferrarse. Esto reducirá el apego que tienes hacia ti *mismo*. Reducirá el orgullo y el ego[5]. Recomiendo trabajar esta forma de concentración durante aproximadamente una semana.

Remedio para la ignorancia:
Los vínculos de interdependencia

---

5   El uso del shiné como remedio contra el orgullo es la aplicación del entrenamiento de la mente. Por esta razón no he mencionado aquí las prácticas preliminares conocidas en tibetano como el Ngöndro.

En esta meditación se disipa la ignorancia de base relativa a la existencia real de uno mismo y los demás. Tradicionalmente, al practicar esta meditación los budistas tienen en cuenta el conjunto de los doce vínculos interdependientes - comenzando por la ignorancia fundamental y terminando por la muerte - que producen la existencia samsárica. En resumen, los doce vínculos son los siguientes: 1. la ignorancia; 2. las tendencias habituales; 3. la conciencia; 4. El nombre y la forma; 5. las seis bases de la experiencia sensorial, 6. el contacto; 7. la sensación; 8. el deseo; 9. el apego; 10. el devenir; 11. el nacimiento; 12. la vejez y la muerte. En este caso, sin embargo, practica la siguiente meditación tal y como lo describo a continuación, aplicando este proceso de análisis de los distintos vínculos sin enumerar los doce necesariamente.

Comienza a pensar en la forma en que comenzó tu vida. Piensa acerca de ese preciso momento en que tus padres te concibieron. Ese es *tu* primer momento. ¿He ahí, por tanto, la verdad de tu existencia? Si es así, pregúntate entonces si tu vida, tu cuerpo, vinieron de tu madre *o* de tu padre. Si proviene de tu padre, ¿para qué necesitaste a una madre? Si proviene de tu madre, ¿para qué necesitaste a un padre? Si proviene de uno u otro, debe haber llegado exactamente tal y como está ahora, y *tú* habrías preexistido de una manera u otra. Al mismo tiempo, si no proviene de tu padre ni tu madre, ¿cómo puede provenir de la unión de ambos? Dejando esto de lado de momento, considera ese *tú* en el momento de la concepción. ¿Eras realmente *tú*? ¿Estabas aferrado a ti mismo entonces? Si no hay aferramiento al yo, entonces ¿cómo puedes ser *tú*? Ahora piensa en lo siguiente: si provienes de tu madre o de tu padre y tienes apego al yo, entonces ese apego al yo debe ser el de tu padre o el de tu madre. ¿Dónde estás *tú*? Dado que el apego al yo no puede existir independientemente, y que tu cuerpo sin tu apego a un yo no eres tú, ¿qué fue primero, el cuerpo o el apego al yo? Ninguno de los dos puede existir independientemente. Así es como examinamos la forma.

Ahora pasamos a las sensaciones. ¿Dónde existen tus sensaciones en este momento? ¿Están en el apego al yo o en el cuerpo? Si están en el cuerpo, entonces incluso sin apego al yo, sin un sentido del yo, debes tener sensaciones. Si existen únicamente en el apego al yo, entonces incluso sin cuerpo debes haber tenido sensaciones. Así es el examen de las sensaciones.

Piensa ahora en el desarrollo de tu vida. ¿Existe el desarrollo en la mente? ¿O se encuentra en la forma física desprovista de mente? Si el crecimiento se encuentra en los tejidos, los huesos, etcétera, entonces, sin mente, un cuerpo tiene que crecer como una vida. Si, por el contrario, está únicamente en la mente, entonces la vida tiene que desarrollarse aun sin forma. Por lo tanto, la vida no existe de manera independiente, ni en la carne y los huesos, ni en la mente que se apega a un yo. Si de ninguno de ellos, carne y mente, se puede decir que posean un «crecimiento» o una «vida» independientes, entonces ¿cómo puede la unión de ambas conseguirlo? El comienzo de la vida es un espejismo; el desarrollo de la vida es un espejismo. Consideremos ahora la vida misma. Si la vida existe, ¿existe en el inicio o en su desarrollo? Si existiera desde el principio, entonces no tendrías necesidad de crecer porque la vida ya estaba ahí. No obstante, si la vida existe en el crecimiento, no habrías podido tener un comienzo. ¿Qué es la vida? ¿Dónde está? ¿En su comienzo, en el crecimiento, en el envejecimiento, en la muerte? Si la vida está en la muerte, ¿cómo puede la muerte ser muerte? En ese caso, sería vida. Pero sin vida, ¿cómo puede acontecer la muerte? ¿Dónde está la muerte? ¿Qué es la muerte? La muerte también debe ser un espejismo. La muerte ¿existe en la muerte o en la vida?

Amplía ahora tu campo de observación y aplica este razonamiento a cada parte de ti. ¿Hay alguna que exista de forma independiente? ¿Incluso tu conciencia? Trata de averiguar si alguno de los muchos pensamientos de los que eres susceptible se encuentra en el cuerpo o en la mente. Considera, por ejemplo, la idea de aferrarte a tu propia belleza. En caso de que el apego a tu belleza exista en tu mente, entonces incluso sin un cuerpo te seguirás apegando a tu propia belleza. Y sin una forma, ¿dónde está la belleza a la que apegarse? Si, por el contrario, ese apego existe en la carne, los huesos y la piel, entonces incluso sin una mente, la forma física debe experimentar ese apego. Aplica este tipo de razonamiento a todos y cada uno de tus pensamientos y, en poco tiempo, vas a descubrir que todo es un espejismo. El yo, el otro, la forma, las sensaciones, todo. Es ahí cuando todos los factores están reunidos - mente, cuerpo y experiencia -, pero en definitiva no existen como una realidad independiente. Por lo tanto, todo es una ilusión de ensueño. Esta meditación lleva a desarrollar una comprensión precisa de la naturaleza interdependiente de los fenómenos. En tibetano, lo llamamos *chöki shérap*. Es el remedio perfecto para la ignorancia.

Consideraciones finales sobre los preliminares

Para concluir esta sección sobre los preliminares, revisemos brevemente lo esencial. En tanto que práctica preliminar al *lodjong*, el shiné es indispensable. Las meditaciones previamente descritas te ayudarán a dominar los cinco venenos mentales y toda la agitación de la mente. Es importante empezar por la primera, que consiste en contar las respiraciones y desarrollar así la capacidad de concentración. Porque una vez desarrolles verdadera destreza en esta práctica, las demás podrás practicarlas con facilidad. Para resumir las prácticas shiné:

> 1. *Shiné de contar las respiraciones*: remedio para los pensamientos incesantes y la agitación.
> 2. *Shiné de la descomposición de tu cuerpo*: remedio para el deseo físico y las distracciones.
> 3. *Shiné de cultivar el amor bondadoso y la compasión*: remedio para la ira y la envidia.

4. *Shiné de la búsqueda del yo*: remedio para el ego y el orgullo.
5. *Shiné de la concentración en la interdependencia*: remedio para la ignorancia.

Con el fin de mantener una buena calidad de meditación, mientras te concentras en todos estos puntos, hay algunas cosas que hay que tener en cuenta y poner en práctica. En primer lugar, si empiezas a sentirte agitado, tomate un momento para relajarte. Si te sientes somnoliento, disciplina tu cuerpo: revisa los puntos de la postura correcta y siéntate con la espalda derecha. Esto devolverá la energía a tu mente. Durante la meditación estate atento a tu estado de conciencia. Mantén la presencia al momento en que te relajas, al momento en que centras la atención y otras experiencias del mismo orden. Tener buenos hábitos alimenticios va a ser igualmente de ayuda. Básicamente significa no comer en exceso. Cuando comas, el estómago idealmente debe llenarse la mitad con alimentos, un cuarto con líquidos, y el último cuarto debe permanecer vacío. Si estás en estricto retiro, no ingieras alimentos después de la una del mediodía hasta la mañana siguiente. Con seguridad es lo mejor para la concentración, aunque evidentemente no sea factible para las personas que trabajen. Se puede beber té, verde o negro. El café, sin embargo, no es aconsejable para la meditación porque después de una sacudida de energía, te encontrarás somnoliento. Si te encuentras en estricto retiro, puedes despertarte a las cinco de la mañana, meditar hasta las diez de la noche y dormir después de eso. Antes de las diez es demasiado pronto para acostarse. Las personas que están trabajando y no en retiro, por supuesto, deben ajustar el tiempo en relación con sus horarios.

Si tienes la oportunidad de hacer un retiro de shiné, lo mejor sería empezar por llevar a cabo la concentración en la respiración hasta que consigas contar 21.000 respiraciones.

Las otras cuatro prácticas se pueden llevar a cabo durante tres semanas cada una. El gran maestro Shantideva explica que la meditación de la visión superior (*lhaktong* o *vipashyana*) puede destruir todos los obscurecimientos *sólo* partiendo de la base de un shiné estable:

Comprendiendo que la meditación de la visión superior,
una vez incorporado plenamente el shiné,
vencerá todos los obscurecimientos,
debes buscar primero la calma mental que se logra
a través del regocijo de ser libre de los deseos mundanos.

Bodhicaryavatara, capítulo 8, versículo 4

Hay una última meditación shiné que quiero compartir. Es el auspicioso shiné de concentrarse en el Buda. Visualiza con la mayor claridad posible la imagen de Buda frente a ti. Está sentado en el más precioso asiento que podamos imaginar y, detrás de él, hay un magnífico árbol de *bodhi*. El Buda está dotado de un cuerpo dorado, radiante, y te está mirando directamente con un amor y una compasión ilimitadas. Concéntrate cuidadosamente en cada parte del Buda: su bella mirada, sus ojos, su boca, su cabello, su pecho, sus hombros, sus brazos y sus piernas, en su postura. Concéntrate en él y genera una intensa devoción hacia el mismo. Cuando aparece esta gran devoción, el Buda se convierte en luz y se disuelve en ti. Esta meditación tiene numerosos beneficios. A corto plazo, es beneficiosa porque entrena tu capacidad de concentración y hace que te centres directamente en el Buda. Otro de los beneficios a corto plazo es que crea una huella en tu mente que va a facilitar que tu meditación esté guiada por tu propia sabiduría. El beneficio último es que te desarrolles hasta llegar a ser un Buda perfecto, aportando un beneficio ilimitado a innumerables seres.

Buda Shakyamuni
Foto : Derek Hanger

Entrenarse en las dos bodhicittas

Segundo punto:
Instrucciones clave para el entrenamiento en las dos bodhicittas, comenzando por la bodhicitta última

El cuerpo mismo de la práctica del entrenamiento de la mente trata del desarrollo de la bodhicitta, la motivación altruista, que tiene dos aspectos: relativo y último. Si bien la práctica de la bodhicitta relativa es muy eficaz para la acumulación de mérito, el entrenamiento en la bodhicitta última hará desarrollar tu sabiduría. El *lodjong* combina, por tanto, las dos acumulaciones, de mérito y de sabiduría, que se complementan y se apoyan mutuamente.

Aunque pueda parecer contrario a la intuición empezar por la bodhicitta última, sin embargo, es necesario para el correcto desarrollo de la bodhicitta relativa o convencional. Esto se debe a que es fácil caer en el materialismo de los métodos empleados para cultivar la bodhicitta convencional cuando no nos basamos en la sabiduría de la vacuidad. Si tomamos el yo, el otro y lo que pasa entre ambos como reales, incluso la práctica que consiste en generar amor bondadoso puede convertirse en un motivo de sufrimiento y preocupación. Por ese motivo comenzamos con la bodhicitta última.

La bodhicitta última es sabiduría, una compresión perfecta de la verdadera naturaleza de la mente y de los fenómenos. La bodhicitta última se desarrolla en dos etapas, siendo la primera la adquisición de una comprensión analítica de la vacuidad. Más adelante, a través de la meditación de la visión superior, tendrás una experiencia directa de la naturaleza vacía de todos los fenómenos.

ANALIZA LA NATURALEZA NONATA DE LA MENTE.

Si bien el aprendizaje de los métodos para aplicar la meditación analítica a los objetos externos es útil para comprender su vacuidad, lo más importante es experimentar directamente la naturaleza de la mente. Como no se puede realizar sólo a través de la meditación analítica, y visto que requiere de la experiencia directa, comprenderlo resulta ser el mayor de los desafíos.

La meditación analítica puede, no obstante, ser utilizada para *abordar* la naturaleza de la mente. Esto puede resultar más fácil de hacer por alguien con experiencia en la meditación shiné que ha alcanzado una gran estabilidad mental. Para empezar, ya has analizado los objetos, las formas, las experiencias, todo, en definitiva, y has podido confirmar que no es ninguna otra cosa que la mente que lo experimenta. Ahora reflexiona sobre esto: si no hay mente, entonces, las figuras, los colores, las formas, los sonidos, los olores, los sabores, las percepciones y las sensaciones *no pueden existir*. Donde no hay mente, no hay nada. Nada puede existir por sí mismo sin la mente. Los sonidos no son armoniosos ni discordantes, los sabores no son dulces ni amargos, las formas no son bellas ni repulsivas. Es más, sin una conciencia sensorial funcional, no hay fenómenos. El sonido, por ejemplo, no existe por sí mismo. Sin una conciencia auditiva para escucharlo, no hay sonido. Todo lo que percibimos y experimentamos no es ni más ni menos que los patrones habituales presentes en la mente madurando exactamente como en un sueño. Todo esto se puede confirmar con la meditación analítica y la meditación que consiste en permanecer en la naturaleza de la mente. Comenzaremos por tanto con la meditación analítica.

Trata de comprender la naturaleza de tu mente objetivamente, cómo pasa a través del tiempo. Te darás cuenta de que es imposible de localizar. En primer lugar, el pasado ya no existe de manera que la mente no se puede encontrar ahí. Y como el futuro aún tiene que llegar, tampoco es posible encontrarla en él. Solo queda el momento presente, que cambia constantemente. La mente misma es transitoria, surge como una serie de instantes que cesan cuando el siguiente aparece. La mente es en realidad un continuo de instantes. Analiza cada uno de ellos: ¿cómo existe? ¿Dónde, en ese mismo instante, están las formas que ves, los sonidos que escuchas, los olores que hueles, los sabores que gustas, las sensaciones que sientes? En este momento, ¿experimentas felicidad, sufrimiento o sensaciones neutras? ¿Dónde están esas sensaciones, en la mente o en los objetos? ¿Dónde está la mente y dónde está el objeto? Piensa en tu canción favorita. ¿Dónde está la canción? ¿En la radio? ¿En tu oído? ¿En tu mente? ¿*Dónde* sucede esta canción? Si la canción está efectivamente fuera de ti, ¿qué necesita tu mente? Si en realidad está en tu mente, entonces ¿para qué necesitas la canción? Búscala en tu mente: ¿está ahí en cada instante de este continuo? ¿Surge toda la canción de la mente y forma parte de cada uno de los instantes de esta? ¿Cómo aparece, permanece y desaparece? Si no la encuentras ahí, si no está en un simple instante de la mente, ¿cómo puede estar en el continuo como un todo? Ahora analiza la alegría que experimentas al escuchar esa canción, cultiva ese sentimiento de gozo. ¿Dónde está? ¿Está en la canción? ¿O está en tu mente? No tiene sentido decir que la alegría está *en* una canción, ya que eso significaría que para que surja la alegría, la mente que experimenta no necesita estar ahí. Si ese fuera el caso, un insecto al escuchar esta canción experimentaría la misma alegría que tú. Tampoco tiene sentido decir que la alegría está en tu mente independiente de la canción, si no ¿por qué está la alegría asociada a esta canción? Si ese fuera el caso, podrías experimentar la alegría de la canción sin la canción. Es evidente que la alegría no existe, ya sea en la canción o en la mente. Si los sentimientos de felicidad y sufrimiento estuvieran presentes en cada instante de conciencia, entonces no habría necesidad de formas, olores, sonidos, etcétera. Si están en la mente, la mente los *posee* y no necesita nada más.

Genera un sentimiento de tristeza y analízalo de la misma manera. ¿De dónde viene? ¿Cómo surge, permanece y desaparece? También puedes experimentar con una ligera sensación de dolor. Toma una aguja pequeña y pínchate suavemente, sin atravesar totalmente la piel. Analiza la sensación producida. ¿Dónde aparece? ¿En la aguja? ¿En tu piel? ¿En tu mente? Descubrirás que este es el proceso por el cual estás continuamente analizando tu propia mente. A esto lo llamamos atención consciente.

Al aplicar esta atención analítica a los objetos vas a experimentar, no sólo los objetos, sino la naturaleza misma de la mente como no nacida, que no permanece ni cesa. No es ni una, ni múltiple. Libre de etiquetas y apariencias. Descubrirás que la mente está vacía por naturaleza y, cuando experimentes esa vacuidad, comprenderás que la vacuidad tampoco existe. Está más allá de toda conceptualización. Al llegar a esta etapa a través del análisis, simplemente permanece en la experiencia resultante. Sin imaginar ninguna forma, color, nada de nada, únicamente y sin esfuerzo observa la experiencia de la mente. Cuando aparezca un pensamiento examina su naturaleza simultánea a su aparición. No necesitas tener expectativas o dudas al respecto, no necesitas aceptarlo ni rechazarlo, no necesitas seguir ese pensamiento a ningún sitio. Analízalo directamente y deja que se disipe, sólo eso. Al igual que una hoja de papel que se ha enrollado, puedes desenrollarla, pero volverá de nuevo a su forma natural sin esfuerzo alguno. Al hacer esto, tendrás la experiencia estable de la naturaleza de la mente como ni existente ni no existente. No hay nada que etiquetar o identificar, ya que siempre ha estado ahí. La mente dualista ha cesado. La mente nonata es la naturaleza de tu mente, es la naturaleza de la mente de todos los seres, y también la naturaleza de la mente de los Budas. Así como el espacio que ocupa un valle no está separado del espacio que ocupa el cielo, de la misma forma la naturaleza no nacida de la mente es una. No tiene lugar, ni origen, ni base. Es nonata, como el espacio cósmico. Y al igual que el espacio, si miras a la inmensidad de la mente, no hay *nada* que ver. Una vez que hayas alcanzado esa percepción de la mente como un continuo cognoscente, puedes abstraerte de la meditación analítica y dejar que tu mente permanezca directamente en esta comprensión.

Nuestra experiencia actual de la mente está cubierta por los velos de la ignorancia, pero afortunadamente esta ignorancia no es intrínseca: la ignorancia no es la naturaleza de la mente. Su cualidad innata es más bien la sabiduría. Si la mente fuese fundamentalmente ignorante, liberarse de esa ignorancia resultaría imposible. Como sí lo es, incluso esta mente ignorante, cuando se le incita a reflexionar sobre sí misma, terminará concluyendo que, en realidad, no hay nada a lo que agarrarse como existente. Cuando eso ocurre la ignorancia básica se disuelve de forma natural y espontánea. Eso es el despertar. Tal como las nubes en el cielo aparecen y desaparecen sin que tengamos que recogerlas y almacenarlas en alguna parte, ni modifican la naturaleza intrínseca de claridad del cielo, de la misma forma no necesitamos reunir ni eliminar la ignorancia conscientemente; incluso cuando esté presente no afectará a la naturaleza de la mente. Otro ejemplo útil: la oscuridad. ¿Qué es la oscuridad? En realidad, la oscuridad está desprovista de toda sustancia; es la mera experiencia de la luz que no alcanza la visión. La luz aparece para disipar la oscuridad, pero en realidad no hay nada que disipar. La sabiduría innata de la mente hace que la ignorancia desaparezca tan naturalmente como la luz nos permite ver.

Purifica primero la emoción negativa más fuerte.

Las emociones negativas no son nuestras amigas. Por eso la analogía que voy a emplear aquí, aunque resulte un tanto inquietante va al corazón del asunto. Para derrocar rápidamente a un ejército enemigo combatiendo lo mínimo posible, la mejor estrategia es identificar al guerrero (o la guerrera) más fuerte y eliminarle primero. De igual manera, la mayoría de la gente tiene una emoción negativa que es más fuerte que las demás. Puedes comenzar purificando esa emoción primero, de manera que las demás pierdan poder y se retiren sin demasiada resistencia. Para minar el poder de las emociones negativas antes debes entenderlas. Para entender algo correctamente, hay que observarlo. La mejor manera de observar una emoción negativa poderosa es hacerlo en el laboratorio, bajo el control de tu propia capacidad de permanecer en calma, donde la mente está libre de pensamientos. Podemos usar la ira como ejemplo. Mientras meditas, después de permanecer con la mente enfocada en un solo punto durante un tiempo, en la claridad y la vacuidad, provócate a ti mismo un ataque de cólera. Cuanto más fuerte sea la emoción, mayor será el contraste, más podrás observar y mejor va a funcionar como una práctica. Partiendo de un estado de profunda relajación, puede resultar bastante difícil evocar una emoción negativa tan fuerte, pero puedes utilizar la imaginación para idear una ofensa, una situación irritante o recurrir a tus recuerdos - rememora algún momento en el que te sentiste profundamente ofendido, herido o atacado. Una vez activada la emoción, tienes que contemplar por medio del análisis, lo más objetivamente posible, su naturaleza y atributos. ¿De dónde viene? ¿Tiene forma? ¿Y ubicación? ¿Tiene sustancia alguna? Vas a descubrir sus cualidades ilusorias y se disipará por sí misma. Una vez se disipe, la mente descansará de nuevo en su estado natural puro. Puedes aplicar esta práctica al deseo, la envidia o cualquier otra emoción perturbadora. Activar, analizar, neutralizar. Mediante el desarrollo de este hábito y esta destreza podrás analizar cada vez con mayor facilidad la naturaleza de todo lo que aparezca en tu mente. A medida que lo comprendas, todo lo que surja desaparecerá por sí mismo.

Con el tiempo además vas a empezar a percibir claramente que la variedad de emociones perturbadoras es limitada. En las enseñanzas de *abhidharma* se dice que hay un total de treinta emociones perturbadoras, divididas en diez emociones perturbadoras de base y veinte secundarias. Cada una de las emociones perturbadoras que experimentes, cuando se analice a fondo y en detalle, resultará ser una de las treinta o la combinación de ellas. Las diez emociones perturbadoras raíz o de base son: la ignorancia (respecto a las enseñanzas de Buda), el apego, la ira, la arrogancia, la duda (respecto a las Cuatro Nobles Verdades), la creencia en un yo más allá o dentro de los cinco agregados, los puntos de vista extremos sobre el yo o los agregados (creer que, o bien son permanentes, o están nihilistamente desconectados de todo), las creencias perversas (creer que lo cierto, no lo es), sostener la superioridad de las tres creencias que se acaban de enumerar y, por último, creer que la disciplina o las prácticas ascéticas mal orientadas te van a liberar. Las veinte emociones perturbadoras secundarias son permutaciones de las emociones perturbadoras de base. Según el comentario de Mipham Rinpoche, el gran Lama y erudito del siglo XIX, se puede decir que siete de ellas pertenecen a la categoría de los tres venenos que son la ignorancia, la ira y el apego. Se trata de la hipocresía, la falta de conciencia, la desvergüenza, la negligencia, el olvido, la falta de atención y la distracción. Dos de ellas pertenecen a las dos categorías de la ignorancia y el apego: la pretensión y el ocultamiento. La falta de fe y el letargo son dos que pertenecen a la categoría de la ignorancia. Cinco pertenecen a la categoría de la ira: furia, resentimiento, rencor, hostilidad y envidia. Por último, hay cuatro que pertenecen a la categoría del apego: avaricia, vanidad, pereza y excitación. Con esto queda descrita toda la gama de posibles estados mentales malsanos.

Cuando tu práctica en esta meditación madure, el remedio para las emociones se producirá espontáneamente. Puedes representarlo de esta manera: si observas a un herrero dando forma a un trozo de acero al rojo vivo, verás que cuando golpea el acero saltan chispas. Algunas de ellas duran lo suficiente para seguir ardiendo durante un rato; otras desaparecen incluso antes de tocar el suelo. Esas chispas son como tus emociones. Tienes que adiestrar la mente de modo que incluso cuando las «chispas» de tus emociones surjan, simplemente desaparezcan antes de tocar el suelo.

El remedio mismo se libera espontáneamente.

Al final ni siquiera el remedio existe. Allá donde no hay veneno, ¿qué necesidad hay de un antídoto?

Podemos utilizar el fuego como una analogía. Para hacer un fuego, se pueden frotar dos piezas de madera. Una vez que la llama se encienda, la madera se consumirá. Cuando la madera se haya consumido el fuego también desaparecerá. Las dos piezas de madera son el experimentador - la mente - y el objeto experimentado, también la mente. El enfoque dualista del experimentador, el meditador, en busca de su mente, es similar a los dos palos de madera que frotamos. La realización de la vacuidad de ambos, cuando ocurre, arde como el fuego y consume a la vez sujeto y objeto. Por lo tanto, la sabiduría ardiente, es decir la visión de la vacuidad - el remedio - se disipará de forma natural cuando el combustible - la separación dualista entre sujeto y objeto - se consuma.

Lo que esto significa es que, una vez comprendida la verdadera naturaleza de los fenómenos, la mente que percibe y analiza se disolverá por sí misma. Se debe a que la mente que percibe no puede existir independiente de los objetos percibidos, sin objetos que son la causa de su aparición, la mente perceptora cesa de forma natural. La mente deja de estar presa de la dualidad del perceptor y lo percibido. La mente deja de correr tras los objetos de los seis sentidos, sean formas, sonidos, olores, pensamientos, etcétera. Se disipará así la ignorancia, y el remedio contra ella cesará entonces de forma natural.

Ahora bien, esto no quiere decir que toda experiencia va a cesar una vez que la sabiduría de la vacuidad la desintegre. No significa que de repente deja de haber objetos en el mundo. La diferencia es que lo que la mente experimentaba como objetos mientras estaba bajo el control de la dualidad, se verá radicalmente transformado. Cuando la mente se libera de la dualidad, los sentidos también se liberan y, en consecuencia, la experiencia de los objetos estará libre de dualidad. Esa es la experiencia de la mente liberada.

PERMANECE EN LA ESENCIA DE LA MENTE, LA BASE DE TODO.

Cuando la mente que percibe, el objeto que es percibido y el remedio desaparecen, la mente dejará de estar atrapada en la dualidad. La mente libre de conceptos no tiene límites. Se puede simplemente meditar, permaneciendo en esta mente sin obstrucciones, en esta mente nonata.

Al principio, por supuesto que hay que mantener este estado con atención consciente. Va a suceder que, de repente, se cruzará un pensamiento en tu mente, luego otro y otro..., lo que va a interrumpir el estado meditativo. En ese momento, en lugar de centrarse en los pensamientos como perturbadores, analiza su naturaleza innata. Cuando reconocemos su naturaleza vacía, la mente volverá de forma natural y espontánea a su estado de sosiego. Este proceso terminará haciéndose sin esfuerzo y, al final, cada vez que aparezca un pensamiento, se fundirá fácilmente en la naturaleza no nacida de la mente. En este estado profundo y no dualista, cada pensamiento, en vez de ser vivido como una interrupción o una distracción, será experimentado como una manifestación espontánea de la sabiduría innata.

La mente nonata es de hecho la base de todo. Una vez experimentada, tu práctica de meditación cambiará y consistirá en reposar en la experiencia directa de la mente. A través de esta meditación, vas a desarrollar la bodhicitta última, la sabiduría misma de la mente.

Durante la post-meditación, comprende que todos los fenómenos son ilusorios.

Durante la meditación experimentamos la naturaleza no nacida de la mente. En estado post-meditativo un meditador avanzado debería experimentar las manifestaciones de la mente - todos los fenómenos - como ilusorios.

Un espectáculo de magia es una metáfora útil y empleada a menudo para ilustrar esta forma de experimentar los fenómenos. Durante un espectáculo de magia, el mago puede hacer que su audiencia vea y viva muchas cosas como reales que no son más que ilusiones ópticas. Un mago puede recurrir a todo tipo de dispositivos para hacer aparecer un tigre. Para el público hay un tigre. Puede producir miedo, asombro, incluso apego. Pero el mago ve al tigre como un producto de las cuerdas, los espejos, la madera, etcétera, que él o ella ha utilizado para crear esa ilusión. El mago seguirá viendo al tigre, pero la diferencia entre la experiencia del tigre que tiene el mago y la experiencia del tigre que tiene la audiencia es que el mago, ni siquiera por un instante, creerá que el tigre existe. Aunque es evidente que hay una gran diferencia entre un meditador realizado y un gran mago, sin embargo, este ejemplo ofrece un paralelismo útil. El meditador, al igual que el mago, tiene las mismas percepciones sensoriales que los demás, pero experimenta los fenómenos de forma diferente. Esto se debe a que el meditador realizado entiende la naturaleza ilusoria de todo lo que aparece, al igual que el mago conoce la naturaleza ilusoria de un truco de magia.

Abandona toda expectativa de resultados.

La meditación no debe llevarse a cabo con la expectativa de experimentar resultados. Cuando se experimentan resultados, estos no deben convertirse en el objeto de apego. Si la práctica meditativa está motivada por el objetivo a alcanzar, o si bien los resultados se convierten en un objeto de apego, la práctica en sí se echará a perder. Tu meditación se convertirá en un mal hábito más, y no producirá el resultado duradero de la visión de la naturaleza vacía de la mente y de los fenómenos.

Para que la meditación sea eficaz, no hay que abordarla inquietándonos por saber si somos aptos, si experimentaremos resultados o si la práctica vale la pena. Del mismo modo, no hay que tener expectativas sobre la realización, los resultados y las experiencias. Para que la meditación sea eficaz, la mente que medita debe estar libre de artificios.

Tampoco debemos apegarnos a los resultados de la meditación. Pueden aparecer muchas cosas, positivas y negativas. Se puede experimentar enfermedad o gozo, sufrimiento o claridad, vivir poderosos y excelentes sueños, terribles pesadillas, no soñar en absoluto. Lo importante es saber que la búsqueda de resultados o el apego a lo que consideras resultado de tu práctica, es un comportamiento compulsivo y engañoso. Para permitir que la práctica haga su trabajo es fundamental que abandones tus expectativas.

Después, las instrucciones sobre la forma de unir la bodhicitta convencional y la bodhicitta última:

Practica alternando dar y tomar.

Tonglen, dar y tomar, en realidad es la práctica principal del entrenamiento de la mente. «Dar y tomar» hace referencia a dar todo tu mérito, felicidad y contentamiento a los demás, y tomar su sufrimiento para ti. Esta práctica tan profunda combina la práctica de la bodhicitta relativa con la visión de la bodhicitta última. Es evidente que practicando esta meditación no vas a sufrir físicamente todas las enfermedades que se conocen en el género humano, ni vas a experimentar la angustia, la ira, u otros tipos de sufrimientos de los demás de forma explícita. Es importante comenzar cultivando la visión de la bodhicitta última con el fin de no vivirlo de forma demasiado materialista.

En primer lugar, debes engendrar la visión correcta, cultivada en la práctica anterior. Debes entender la naturaleza de la mente como no nacida, y la de los fenómenos como vacíos. Debes entender que todo es como un espejismo. Ahora piensa en todos los seres sensibles, la forma en que sufren física y mentalmente a causa de que toman como real aquello que es ilusión. En tanto que los seres sean víctimas de la ilusión de creer en la realidad de un yo y del sufrimiento, se podrán beneficiar de tu compasión, incluso aunque sepas que está vacía de realidad. Por lo tanto, desarrolla compasión y amor poderosos hacia todos los seres sensibles. Mientras que esa compasión y ese amor van a ser experimentados por otros simplemente como compasión y amor, no debes olvidarte de aplicar la visión de la vacuidad cultivada en la práctica anterior y comprender que la naturaleza del amor y la compasión no está separada de la naturaleza no nacida de la mente.

Aquí, podemos retomar las tres esferas purificadas mencionadas al principio: el agente, la acción y el objeto. En este caso, tú eres el agente, la compasión y el amor son la acción, y todos los seres sensibles son el objeto. A pesar de que los tres son ilusorios, mientras los seres - el objeto - experimenten el mundo de forma dualista, se beneficiarán de tu acción compasiva. Siempre y cuando un ser esté apegado al yo, tendrá, según su propio engaño, mucho beneficio que obtener y la posibilidad de ver aliviado su sufrimiento. En este momento puedes ayudar a los seres ejerciendo tu compasión poderosa, una compasión libre de emociones, libre de apegos, y de naturaleza nonata. En el fondo, comprendes la ilusión y eres capaz de manipularla. Ahora tú eres el mago.

La compasión sin apego es la causa perfecta. Conociendo la naturaleza de la mente nonata, y conociendo las ilusiones de los seres sensibles a pesar de que sus mentes son nonatas también, lograrás el resultado perfecto. Esto se debe a que mientras los seres sensibles tengan apego al yo, tienen la ilusión del sufrimiento. Para ellos, lo opuesto al sufrimiento es igualmente cierto y, por tanto, pueden experimentar la ilusión de recibir ayuda. Siempre y cuando tengan la visión ilusoria de que pueden verse perjudicados, tendrán la visión ilusoria de que pueden ser ayudados, de que pueden obtener felicidad de alguien que les sea útil. Ahora, sobre la base de esta ilusión, tú puedes ser esa ayuda. Apoyado en una compasión genuina y en un auténtico amor bondadoso, deberías desear el bienestar de todos los seres sensibles, para que cada uno de ellos, sin excepción, pueda recibir tu ayuda.

La práctica de *Tonglen*

Para poner esto en práctica, haz uso de tu respiración.

Expira: *Toda la compasión y el amor que tengo, todo el mérito que he obtenido y todos los buenos deseos, puedan alcanzar a todos los seres sensibles sin excepción y traerles la felicidad.*

Inspira: *Pueda todo el sufrimiento que poseen los seres sensibles, sin excepción, venir a mí.*

La expiración es como dar la medicina; la inspiración es como extraer el veneno de una herida. Tu respiración, como la luz, se extiende por todas partes. Como el reflejo del sol, es ilusoria. El sol se refleja por igual en todos los estanques, charcos y gotas de agua; el sol aparece y brilla en todos esos lugares simultáneamente. Pero no está allí realmente. De la misma forma, toda tu compasión, todo tu amor y todo tu mérito se extienden por todas partes al mismo tiempo, y todo el sufrimiento de cada uno de los seres sensibles es disipado.

La base misma del *tonglen*, por tanto, es la unión de la bodhicitta convencional y de la bodhicitta última. Hay muchas otras cosas que se suman también a esta práctica: la unión de las dos acumulaciones -mérito y sabiduría-, así como la unión de los métodos hábiles y la sabiduría; asimismo, se realiza la unión del cuerpo formal (*rupakaya*: nirmanakaya y sambhogakaya, es decir, la forma física en la que los seres sensibles perciben a un Buda) y el cuerpo de la naturaleza verdadera (*dharmakaya*: la naturaleza verdadera de la mente despierta y de todos los fenómenos). Podemos entenderlos como siendo simplemente la base, el camino y el fruto. La base es la unión de la bodhicitta convencional y la bodhicitta última, el camino se forma por las dos acumulaciones de mérito y sabiduría, así como la unión del método y la sabiduría, y el fruto, el resultado, son los dos kayas, el de la forma y el de la naturaleza verdadera.

Esta práctica, dar y tomar, es como un increíble atajo. Todo está contenido aquí. Tradicionalmente el camino de un bodhisattva, aquel que ha engendrado la intención altruista de la bodhicitta, se estructura en cinco caminos y diez etapas. Los cinco caminos son el camino de la acumulación, el camino de la preparación, el camino de la visión, el camino de la cultivación y el camino donde ya no hay más aprendizaje. Será en el tercer camino, el camino de la visión, cuando el aspirante alcanza la primera etapa, o *bhumi*. Las diez etapas y los cinco caminos convergen al final en el despertar completo. Lo que es importante saber es que todos los aspectos de los cinco caminos, las diez etapas, de hecho, el camino completo al despertar puede llevarse a cabo a través de esta práctica de tonglen[6].

ASIENTA AMBAS EN LA RESPIRACIÓN

Estas son las instrucciones concretas para la meditación de *tonglen*. En primer lugar, inspira, tomando así el dolor insoportable de todos los seres vivos allá donde estén. Al inhalar absorbes todo su sufrimiento, su mal karma y las causas generadoras de toda esa miseria. De esta forma, alivias a los seres de su sufrimiento y de las causas de su sufrimiento.

Cuando expires piensa que estás dando a todos los seres sensibles, allá donde estén, todo tu buen karma, tu felicidad y tus circunstancias favorables. Imagina que todos tus méritos y tus condiciones favorables son absorbidos por todos los seres.

---

6   Para que esta práctica sea realmente eficaz, debes practicar *tonglen* tanto como te sea posible y junto al desarrollo de la conciencia de la naturaleza nonata de la mente. Para un meditador muy dedicado y en retiro recomiendo alternar dos horas de entrenamiento en la conciencia de la naturaleza nonata de la mente con dos horas de *tonglen*. Por supuesto que es posible hacer una breve pausa entre ambos. Este ciclo puede repetirse una o dos veces más a lo largo del día: dos horas de naturaleza nonata, dos horas de dar y tomar. Para aquellos que no están en retiro, se debe consagrar un tiempo proporcional a la práctica de ambos aspectos, aunque evidentemente la duración de las sesiones será más corta.

En el *tonglen* visualizamos el dar y el tomar sincronizados con el ritmo de nuestra respiración, al inspirar y al expirar. En el transcurso de la meditación la mente sigue la respiración que entra y sale. Es como la meditación shiné, pero enfocada en la bodhicitta, la actitud compasiva de la mente. La respiración al salir contiene todo tu mérito y felicidad dirigida hacia ellos, y al entrar absorbes todo su karma negativo y su sufrimiento. Por eso, esta meditación tiene bien merecido el nombre de dar y tomar.

Una vez asentado en el movimiento de dar y tomar, no necesitas esforzarte en sentir nada en particular. Simplemente céntrate en la actitud altruista de la bodhicitta: toma sobre ti todo el sufrimiento y da a los demás toda tu felicidad. Respira suavemente y practica el dar y el tomar durante el mayor tiempo posible. Es bueno practicar esto haciendo muchas sesiones cortas. Practicas durante un tiempo y después te paras. Haz una pausa y relájate un momento antes de empezar de nuevo. De esta manera, puedes hacer numerosas sesiones cortas con descansos intercalados. No te preocupes si te descubres distraído durante la meditación. Basta con darte cuenta y, pacientemente, concentrarte de nuevo en la actitud de la bodhicitta.

Es importante no imaginar que estamos intercambiado algo físicamente. Recuerda la visión de la bodhicitta última. Creer que algo es demasiado real te puede causar numerosos problemas. Por tanto, es crucial considerar todo como un espejismo.

Los *Siete Puntos del Entrenamiento de la Mente* son, en esencia, un entrenamiento en siete puntos en la bodhicitta, la intención altruista. El objetivo principal es desarrollar la bodhicitta al mismo tiempo que entrenamos a la mente en la concentración. Gracias al shiné tu mente se calmará y todas las perturbaciones desaparecerán. Simultáneo a este apaciguamiento de la mente florecerá la bodhicitta.

Tres objetos, tres venenos, tres raíces de virtud.

Para ayudar a los seres, primero es necesario entender qué les aflige, sus causas originarias, y después cómo remediarlo.

Por lo general, percibimos el mundo de tres maneras. También podemos decir que hay tres categorías de objetos. A causa de la ignorancia presente en la mente de los seres, la percepción que tenemos de cualquier objeto tiene lugar bajo un estado mental denso e incapaz de conocer. Esto caracteriza la percepción de base que experimentan todos los seres. Así, los objetos se perciben sin ningún tipo de precisión o claridad de comprensión. Podemos referirnos a ellos como objetos carentes de claridad. Algunos de ellos son juzgados como buenos o atractivos por el que los percibe, mientras que otros son considerados como malos o repulsivos. Es lo que conforma las tres categorías de los objetos percibidos por los seres: carentes de claridad, atractivos y repulsivos.

Estos tres tipos de objetos despiertan en nosotros las respuestas emocionales correspondientes. Sentimos deseo hacia lo que consideramos como bueno, sentimos aversión hacia lo que nos parece malo, y nos vemos sumergidos constantemente en un estado carente de claridad y aptitud para el conocimiento como consecuencia de la ignorancia de la mente. Los seres vivos experimentamos sentimientos muy potentes de aferramiento a todo porque tenemos muchos deseos. Incluso la aversión es una forma de aferramiento: si reflexionas sobre ello, te darás cuenta de que sentir aversión hacia algo implica un apego hacia otra cosa. Los deseos y las aversiones consumen tanto que nos generan una sensación de desagrado. Igual de desagradable es el estado mental que carece de claridad fundamental, es decir, la ignorancia.

Juntos, el deseo, la aversión y la ignorancia, son los tres venenos de la mente de todos los seres sensibles. Es apropiado llamarlos venenos por los efectos perjudiciales que tienen en la mente. Nos hacen sentirnos incómodos, insatisfechos y llenos de malestar. Asimismo, los tres venenos despiertan gran variedad de emociones negativas. Cuando actúas por ira o celos, por ejemplo, inmediatamente provocas sufrimiento a todo el mundo. A la vez, estás creando más causas de karma negativo, más sufrimiento para ti y para los demás.

Conscientes de que todos los seres vivos experimentan los tres objetos y los tres venenos, deseamos curarles. Con el fin de ayudarles, ponemos en práctica los métodos del entrenamiento de la mente como antídoto para eliminar los venenos de nuestra propia mente tan pronto como surjan. Cuando el veneno del deseo aparezca, reconócelo como tal y aplica el método conciso de *lodjong* para contrarrestarlo - para transformarlo en fuente de virtud:

Visto que sufro de este deseo, pueda tomar sobre mí los deseos de todos los seres sensibles y aliviarles. Que todos los seres se liberen de las emociones perturbadoras causadas por el deseo y que todo el karma negativo resultante del deseo, madure en mí y no en los demás.

Cada vez que la aversión o la ignorancia aparezcan, podemos aplicar este mismo método que consiste en tomarlo sobre uno mismo. De esta manera, los tres objetos y los tres venenos se convierten en las tres raíces de virtud. El aferramiento se transforma en desapego; la aversión se transforma en tranquilidad mental, o confort mental; y la ignorancia se convierte en la claridad de la mente, ni abatida, ni somnolienta. Será una mente impregnada de una nueva conciencia.

Además de tomar la negatividad sobre ti mismo, el entrenamiento de la mente también te adiestra en ofrecer a los demás todas las virtudes y las condiciones favorables. En última instancia, deseas que todos los seres sensibles estén despiertos. Así que, en esta práctica, quieres eliminar los tres venenos provenientes de una mente con apego egocéntrico de todos los seres, y ofrecerles ausencia de apego, bienestar y claridad mental. También deseas que, bajo estas excelentes condiciones, puedan plantarse, crecer y madurar innumerables virtudes. Los seres sensibles podrán desarrollarse entonces en los distintos niveles del bodhisattva y, finalmente, se liberarán del samsara.

ENTRENA TU CONDUCTA SEGÚN LOS AFORISMOS.

En todas tus acciones, adiéstrate en los puntos del entrenamiento de la mente. El texto raíz está escrito en forma de breves aforismos para permitirte aprendértelos fácilmente de memoria. Debes acordarte de estos puntos y retener su significado.

Deberías tratar de engendrar la actitud de dar y tomar en todo momento. Cuando las cosas te vayan bien, genera el deseo de que todas las condiciones favorables y los buenos resultados alcancen a los demás. Cuando te sientas deprimido y fuera de lugar, asume todo el sufrimiento de los demás y alíviales hasta de la mínima sensación de malestar. A través de tu propio sufrimiento, absorbes todo el sufrimiento de los demás.

Observación final sobre el dar y el tomar

No se puede subestimar la profundidad de la práctica de *tonglen*. Practicándola correctamente y con diligencia es posible alcanzar el primer *bhumi* en una sola vida.

Transformar la adversidad
en el camino del despertar

tercer punto:
Convierte las adversidades en el camino del despertar

Este punto comprende una instrucción general y tres instrucciones particulares.

Para transformar las adversidades en el camino del despertar existen a la vez una instrucción general y otras particulares. Examinaremos en primer lugar la instrucción general, a la cual le siguen tres instrucciones particulares.

1) La instrucción general:

Cuando los seres y el mundo estén repletos de negatividad, transforma la adversidad en el camino del despertar.

A causa del aferramiento egocéntrico y de las acciones negativas, los seres vivos (y por tanto el mundo) están repletos de maldad.

Debes tener presente que el sufrimiento es la maduración y el desarrollo de un mal karma. Como todo lo demás, el karma negativo es también impermanente - con el tiempo se agotará por sí mismo. Dado que los resultados de tus propias acciones siempre van a madurar en ti, es preferible enfrentarlos en el presente de la mejor manera posible y terminar con ellos.

La razón por la cual los métodos de *lodjong* son tan especiales es porque te muestran cómo aprovechar tu karma negativo. Puedes hacer uso de estos métodos para transformar toda circunstancia indeseable en una oportunidad de practicar el dharma.

¿Cómo proceder? Tu sufrimiento te conecta con el sufrimiento de los seres, ayudándote a entender que el sufrimiento es universal. Mientras sufres, puedes tomar la decisión de absorber todo el sufrimiento. Tu motivación al hacerlo debe ser sincera. Cuando esto sucede las condiciones adversas se convierten esencialmente en un medio para que puedas acumular karma positivo o mérito. Puedes pensar: *Estoy sufriendo. Pueda absorber todo el sufrimiento de los demás a través de mi propio sufrimiento, y aliviarles.* Este deseo, basado en la bodhicitta relativa, purificará tu karma y tendrá como efecto reducir tu resistencia a tu propio sufrimiento.

2) Las tres instrucciones particulares:

a) la primera instrucción particular muestra como la bodhicitta convencional sirve para transformar las adversidades en camino del despertar:

CONSIDERA UNA SOLA FALTA COMO RESPONSABLE DE TODOS LOS INFORTUNIOS.

Cada vez que te veas sufriendo en circunstancias desfavorables o tengas conflictos con la gente, primero debes saber que es el resultado de tus propias acciones negativas pasadas. Acuérdate del aforismo: *considera una sola falta como responsable de todos los infortunios*. Esta falta es el aferramiento al yo o egocéntrico. Es la raíz de todas las negatividades. Es importante recordar esta verdad. Señalar con el dedo por lo general suscita emociones negativas y agrega más karma negativo a tu reserva, así que no pierdas el tiempo echando la culpa a otros o enredándote en interminables discusiones sobre quién tiene la razón. Esto sólo aumentará tu sufrimiento. Absteniéndote de buscar una causa externa a tu sufrimiento sentirás menos inquietud ante la idea de tener que hacer frente a los problemas.

Desde tiempos sin comienzo, la mente de los seres se ha visto inmersa en actividades samsáricas. De manera ininterrumpida, hemos ido adoptando renacimientos en formas tanto físicas como mentales. A pesar de que las formas mismas son irreales, consiguen atrapar nuestra mente constantemente. Por esta razón, desde tiempos sin comienzo hemos experimentado los tres tipos de sufrimiento para los cuales se ha dado una breve introducción en las instrucciones de la meditación shiné para poner remedio a la ira.

Nuestro estado mental actual no es perfecto. En realidad, es un estado de ignorancia. Lo que ignoramos es la verdadera naturaleza de nuestra mente, por lo que nos aferramos erróneamente a la noción de un yo. Y una mente que se aferra al yo es una mente llena de sufrimiento. Aunque sea un sufrimiento muy sutil, impregna la mente de ignorancia. Muchos comentarios proporcionan solamente una vaga explicación sobre el sufrimiento sutil que lo impregna todo, lo que ha llevado a interpretarlo erróneamente asumiendo que abarca todos los objetos - lo que vendría a decir que, por ejemplo, las tazas y los platos de tu cocina están impregnados de este sufrimiento sutil. Basándome en mi propia investigación sobre la forma en que este tipo de sufrimiento actúa, he llegado a la conclusión de que cada instante de la corriente mental está impregnado de sufrimiento sutil. Cada uno de estos instantes conlleva sufrimiento y, por tanto, cada fenómeno percibido, cada pensamiento, cada sensación estarán igualmente afectados por él. Una mente sin adiestrar y que no ha sido pacificada no puede experimentar ni un solo instante libre de este sufrimiento omnipresente. Para los seres de los reinos de la forma y de la no-forma esto se hace particularmente evidente: dotados de una gran realización en meditación shiné, pueden observar con precisión el sufrimiento que impregna por completo la mente sin adiestrar ni pacificar de los seres del reino del deseo – como nosotros, por ejemplo. Después, por supuesto, una vez que te conviertas en un bodhisattva, verás que las mentes de todos los seres de los tres reinos están claramente sin adiestrar y sin pacificar. Como señalaba el gran erudito Tsongkhapa, este sufrimiento es además la base misma de la experiencia de las otras dos formas de sufrimiento. Después de todo, una mente que está adiestrada y calmada no está actuando bajo la ilusión de que es un yo. En una mente libre del sufrimiento omnipresente y sutil, ¿quién está ahí entonces para sufrir?, ¿quién está ahí para sentirlo?[7] En el *Tengyur*, los comentarios sagrados de las escrituras budistas, se dice que los seres ordinarios no son capaces de reconocer el sufrimiento que conlleva el sufrimiento sutil y omnipresente; lo sienten de la misma forma que sentirían un cabello posado en la palma de su mano. Por su parte, los bodhisattvas son tan plenamente conscientes de este sufrimiento sutil y omnipresente que lo sienten como si tuvieran el cabello metido en el ojo. Aquel realmente capaz de percibirlo está a un solo paso de entender por completo los otros tres puntos - la imperma-

---

7   Me he tomado el tiempo de consultar con muchos grandes eruditos y están de acuerdo con mi descubrimiento el cual, tengo la plena confianza, se limita a aclarar las enseñanzas a los discípulos sin cambiar el sentido. Si hay algún error en ello, será mío.

nencia, el no-yo y la vacuidad - que completan la explicación del sentido profundo de la primera noble verdad, tal y como se presenta en el sastra *Abhisamayalankara Prajnaparamita Upadesha*.

A la vez, experimentamos cierta felicidad mezclada con el sufrimiento. Esta felicidad nos cautiva y, aunque sea impura, nuestra mente se apega. Pero esta felicidad no es duradera. En efecto está en constante cambio. Tan pronto como nos veamos separados de la felicidad que queremos, sufriremos. Es infalible: el sufrimiento de base, omnipresente y sutil, nos producirá un sufrimiento añadido en cadena. Este es el segundo tipo de sufrimiento.

Mientras tanto, en nuestra búsqueda incesante de la felicidad, actuamos de forma negativa, ya sea aprovechándonos de los demás o bien haciéndoles daño abiertamente para obtener lo que queremos. Nosotros creamos las causas que madurarán inevitablemente como resultados negativos. Cuando esto se produce, experimentamos renacimientos en los reinos de sufrimiento. Este es el tercer tipo de sufrimiento.

En una mente que se aferra a la idea de un yo, el sufrimiento es infinito porque nuestras acciones egoístas son infinitas. La causa está en el aferramiento a uno mismo.

Reflexiona sobre la gran bondad de todos los seres.

Si por un momento puedes abandonar el aferramiento al yo y tratas de reflexionar profundamente, vas a descubrir que hay otra mente: una mente que procura una actitud fresca, diametralmente opuesta al egocentrismo. Se trata de una mente abierta que sustituye la preocupación hacia uno mismo habitual por un interés genuino por el bienestar de los demás. Esta mente de amor bondadoso es la verdadera causa de liberación del aferramiento egocéntrico de la mente.

Una mente decidida a beneficiar a los demás es un campo fértil donde las virtudes crecen en abundancia. La virtud, en cualquier contexto, evoca el bien, un bien genuino, libre de todo mal. En la noción del 'bien' está implícita la idea de ser útil y beneficioso para los demás. La bondad, la generosidad y la paciencia, por ejemplo, son virtudes universalmente reconocidas que benefician a los demás.

La razón por la cual sentimos gratitud hacia todos los seres sensibles es que nos proporcionan un sin fin de oportunidades para cultivar estas virtudes. No sólo practicamos el hecho de tomar su sufrimiento como si fuera nuestro, sino que nuestros encuentros diarios nos conceden una excelente oportunidad para poner en práctica nuestras virtudes: cuando los demás se comportan de forma egocéntrica podemos cultivar la paciencia, la bondad y la generosidad; y cuando se comportan de una manera virtuosa podemos cultivar el gozo empático y generar el deseo de llegar a ser tan altruistas como ellos. En ambos casos debemos el éxito de nuestro entrenamiento a nuestros encuentros con todos los seres y, por tanto, sentimos gratitud hacia ellos. Puesto que nos permiten desarrollar las virtudes, los seres sensibles son la causa directa del perfecto estado de iluminación. Son el requisito inmediato para liberarnos del samsara. En efecto, debemos sentirnos extremadamente agradecidos con ellos. Reflexiona sobre el hecho de que aquellos que parecen causarte daño en realidad no te están perjudicando. Te están ayudando a ver que la causa real del daño eres tú, tu propio ego. Sin ego no puede haber daño alguno. Estas son las instrucciones para emprender el camino al despertar transformando las adversidades mediante de la bodhicitta convencional.

Asimismo, me gustaría añadir aquí que una mente llena de virtudes recoge la excelente cosecha de las tierras del bodhisattva o *bhumis*. Los diez *bhumis* son los niveles de realización extraordinarios de la mente. Mediante su consecución estaremos, en última instancia, libres del samsara y alcanzaremos la budeidad.

b) la segunda instrucción particular muestra como la bodhi-citta última sirve para transformar las adversidades en el camino del despertar:

Medita en las apariencias ilusorias como siendo los cuatro kayas. La vacuidad es la protección insuperable.

Las "apariencias ilusorias» hacen referencia al hecho de que todo el sufrimiento y los obstáculos que se experimentan son ilusiones, la actividad ilusoria de una mente dualista. Cuando realmente examinas las cosas malas o negativas que suceden verás claramente que son todas como un sueño. Aplica las técnicas de que dispones para analizar la naturaleza vacía de todos los fenómenos y para dirigir la atención consciente a toda experiencia, a las sensaciones que experimentas como negativas. Descubrirás que estas supuestas malas experiencias son las mejores para ayudarte a reconocer la naturaleza nonata de la mente. Así como un pequeño fuego puede quemar rápidamente una gran pila de heno, una mala sensación o experiencia, una vez analizada, puede rápida y eficazmente ayudarte a comprender la naturaleza nonata de todo. En estado de profunda meditación, un buen practicante de *lodjong* va a encontrar que incluso un fantasma que viene a molestar resulta ser su mejor ayuda. Un fantasma perturbador puede hacer cosas como empujarte, llamarte por tu nombre, causarte malestar o náuseas. En resumen, puede molestarte mucho. Cuando esto suceda, utiliza toda tu capacidad de análisis dirigiéndoles toda tu atención. Llegarás indudablemente a la conclusión de que todo lo que experimentas no es más que la mente. Al cabo de un tiempo disfrutarás de una confianza absoluta y de una mente totalmente relajada. A esto le acompañará la realización espontánea de la naturaleza nonata de la mente. De esta manera, todas y cada una de las adversidades pueden utilizarse en el camino del despertar; con esta comprensión, también verás que en realidad todas las adversidades - cuando se reconocen como siendo nonatas – portan la naturaleza verdadera, el dharmakaya.

El dharmakaya es uno de los cuatro cuerpos o kayas de Buda. Estos cuatro kayas son las cuatro formas en que la iluminación se manifiesta. Si los consideramos en relación a un Buda, se pueden describir de la siguiente manera: el dharmakaya, o el cuerpo de la naturaleza verdadera, es la sabiduría despierta e intemporal de un Buda, su mente purificada; el sambhogakaya, o cuerpo del pleno gozo, es una impresionante forma luminosa de Buda, percibida únicamente por practicantes con gran realización; el nirmanakaya, o cuerpo que concede los deseos, es el cuerpo de carne y hueso de un Buda a quien todos los seres vivos pueden percibir; y el svabhavikakaya, el cuerpo esencial, es el conjunto los tres. Si consideramos ahora a los cuatro kayas en el contexto de cómo el despertar se manifiesta en tanto que la naturaleza de la mente, podemos añadir esta descripción: el dharmakaya, o cuerpo de la naturaleza verdadera, también puede entenderse como la naturaleza nonata de la mente; el sambhogakaya, o cuerpo del pleno gozo, también puede entenderse como la naturaleza sin obstrucción de la mente; el nirmanakaya, o cuerpo que cumple los deseos, es la naturaleza que no demora de la mente; y el svabhavikakaya, la totalidad y el carácter inseparable de los tres.

De hecho, si examinas las ilusiones que provienen de las manifestaciones ilusorias encontrarás que son de la naturaleza del dharmakaya nonato. Su capacidad de estar libres de obstrucciones muestra que tienen la naturaleza del sambhogakaya. Además, no se encuentran atrapadas en el funcionamiento de la conceptualización dualista. Esta libertad de conceptualización demuestra su flexibilidad natural, prueba de la cualidad del nirmanakaya. Por último, los tres kayas comparten una naturaleza única: el svabhavikakaya, y la naturaleza del svabhavikakaya es vacuidad.

Aquel capaz de entrar en un estado de meditación de tal manera que experimente las manifestaciones ilusorias como los cuatro kayas está protegido por la vacuidad. La vacuidad es en realidad la protección insuperable. El mejor ejemplo de este hecho es cuando Shakyamuni estaba sentado bajo el árbol de Bodhi a punto de alcanzar el despertar. Mara, el tentador, estaba tan decidido a impedir el éxito de Shakyamuni que vino con sus ejércitos y trató de destruir el cuerpo físico del futuro Buda. Dotado de una profunda comprensión de la vacuidad, Shakyamuni se vio protegido por esta visión y las flechas de Mara cayeron al suelo ante él como una lluvia de flores inofensivas. Claro que en aquel momento era casi un buda, estaba en el décimo *bhumi*, de modo que no se puede aplicar esta situación a cualquier practicante. Podemos tomar otro ejemplo de la vida de Milarepa cuando todavía era relativamente un principiante del camino. Un día, después de recoger leña, regresó a su cueva donde se encontró con cinco demonios de ojos redondos esperándole. Su primer pensamiento fue para apaciguarles, por lo que les confirió ofrendas y les elogió con la esperanza de que estuvieran satisfechos y se fueran, pero ellos procedieron a atacarle. A continuación, invocó una deidad iracunda para dominarles, pero se enfurecieron aún más. Finalmente, invocó el poder de la vacuidad, meditando auténtica y profundamente en la naturaleza de la vacuidad: «*Tengo plena conciencia de que todos los seres y todos los fenómenos provienen de la propia mente. Y la mente misma es vacuidad. ¡Qué sentido tienen todos estos esfuerzos! ¡Cuan necio soy tratando de ahuyentar físicamente a estos demonios creadores de problemas!*» Gracias a sus palabras y a su realización los demonios se ahuyentaron. Milarepa tuvo que trabajar duro para aplicar el remedio de la vacuidad mientras que para el Buda ocurrió de forma bastante espontánea. No obstante, la causa fue la misma: la realización de la vacuidad. Por esta razón es la protección suprema e insuperable.

LAS TRES VISIONES SON COMO EL TESORO DEL CIELO, LA INSUPERABLE PROTECCIÓN DEL YOGA.

Cuando aplicas la bodhicitta a las situaciones adversas debes desarrollar y mantener tres puntos de vista que van a modificar tu visión profundamente, y te van a permitir atravesar los obstáculos de la esperanza y la duda. Estas tres visiones son: la felicidad, la gratitud y la pureza.

Felicidad: Las adversidades que pueden parecer a primera vista perjudiciales son realmente todo lo contrario; son de gran ayuda. Los obstáculos y las perturbaciones son los recordatorios que te indican que no has perfeccionado las dos bodhicittas. Alégrate ahora de tener un claro recordatorio para desarrollar la bodhicitta.

Gratitud: Comprende que las adversidades nos ponen en guardia para que no nos relajemos demasiado, no permitiendo dar por sentada nuestra preciosa existencia humana. Debemos utilizar esta preciosa vida con el objetivo final del despertar, sin malgastar el tiempo en otras cosas. Si desperdiciamos esta oportunidad ahora, podemos caer en la oscuridad durante eones. Con esta reflexión, puedes llegar incluso a sentir amor por las adversidades ya que te impiden desperdiciar tu preciosa existencia humana.

Pureza: Date cuenta de que cada obstáculo y desgracia de tu vida puede llevarte a desarrollar los mejores resultados de la meditación. Este mal, por tanto, no es perjudicial en absoluto. Está más bien lleno de notables cualidades, como un medicamento muy amargo que va a curar tu enfermedad por completo. De modo que este mal es totalmente puro, tan puro como el remedio más eficaz.

Mantener estas tres visiones va a proteger tu práctica y a permitir que te desarrolles a partir de todo lo que sucede. Conservar estas tres visiones - felicidad, gratitud y pureza - va a crear y a multiplicar un mérito tan vasto como el cielo, lo suficiente como para constituir un tesoro tan ilimitado como la grandeza del cielo. Con esta inmensa cantidad de mérito, el resultado es que podrás ayudar a los seres de manera espontánea durante incontables eones.

'Yoga' es una palabra compleja con numerosos significados. En este contexto, es conveniente examinar cómo se utiliza el término en tibetano. La palabra tibetana para el yoga es *neljor* (*rnal 'byor*). «*Nel*» es la naturaleza original de la mente despierta, el dharmakaya o la naturaleza verdadera. «*Jor*» es un verbo que significa alcanzar o lograr. «*Neljor*», por lo tanto, significa alcanzar la naturaleza original de la mente. Se trata de una protección, porque mientras mantengas esta práctica puedes aplicar las tres visiones para superar cualquier obstáculo. Los manuales de meditación lo explican de esta manera: cuando el agua impregna el aire, se desprende. Como las nubes y la lluvia. En este sentido, se puede decir que el agua se elimina por el agua. Todos y cada uno de los obstáculos de tu camino, cada daño sufrido a lo largo del mismo, en realidad harán desaparecer los obstáculos y el daño. De este modo, la aplicación de las tres visiones te protege de todos los obstáculos.

c) *la tercera instrucción particular para transformar la adversidad en el camino del despertar:*

Dominar las cuatro prácticas es el método supremo.

Las cuatro nobles prácticas son: desarrollar la causa de felicidad; abandonar la causa del sufrimiento; servirse del daño que nos infligen otros; y encontrar la ayuda proveniente de seres no humanos, poderosos y positivos. Empleando estas prácticas vas a aprender rápidamente a convertir en positivas todas las experiencias.

Desarrolla la causa de felicidad: La felicidad puede provenir únicamente de una buena causa: el mérito, el fruto de la generosidad y otras virtudes. Sabiendo que, por ejemplo, la generosidad constituye una causa de felicidad, adoptas un espíritu de generosidad en tus intenciones, tus acciones y tus deseos. Cada vez que te ocurra algo bueno, ofrécelo y compártelo con los demás. Cada vez que desees algo bueno para ti, al mismo tiempo deséalo para los demás también. El resultado será la acumulación de un mérito y una felicidad incalculables, tanto en el presente como en el futuro.

Abandona la causa del sufrimiento: No hay un solo ser sensible que quiera sufrir. La causa del sufrimiento reside en la ejecución de acciones no virtuosas. Por tanto, simplemente tienes que abstenerte de ellas:

Actividades físicas no virtuosas: Abstenerse de todo acto que dañe a los demás, tales como matar, robar -directa o indirectamente- lo que pertenece a otros, y tener una conducta sexual incorrecta.

Actividades verbales no virtuosas: Abstenerse de todo discurso negativo como la calumnia, la mentira, el engaño, la manipulación, así como las conversaciones inútiles y desconsideradas.

Actividades mentales no virtuosas: Abstenerse de estados mentales negativos como la envidia, los pensamientos dañinos y los puntos de vista erróneos.

Sírvete del daño que te infligen otros: En este caso, los «otros» son los fantasmas o espíritus que pueden causarte perturbaciones y obstáculos. Prepara un banquete acorde al deseo colmado de ilusiones de estos millones de espíritus. Multiplica mentalmente tus ofrendas lo máximo posible y, a continuación, ofréceselas:

Por el poder combinado de mi bodhicitta convencional y mi bodhicitta última, animo a todos los espíritus a generar una mente de amor bondadoso y de devoción a las Tres Joyas. Os lo ruego, disfrutad de este banquete. Pueda vuestra hambre ser saciada y vuestros sentimientos de envidia y celos ser purificados.

Estoy en el camino de la práctica del noble dharma. Contribuid, por favor, a mi éxito bien sea ayudándome o dañándome. Vuestro daño me ayudará a cumplir con mi práctica de la paciencia y hará que mi compasión hacia todos los seres de los reinos inferiores aumente todavía más. Además, cualquier servicio y apoyo que me prestéis será altamente apreciado.

Encuentra la ayuda proveniente de seres no humanos, positivos y poderosos: Prepara de nuevo un espléndido banquete de ofrendas para los seres no humanos y positivos, conforme con sus ilusiones. Multiplica mentalmente las ofrendas lo máximo posible. Este acto estará fundado en tu bodhicitta, tu profundo deseo de satisfacer las necesidades de todos los seres. Genera el deseo de hacer felices a todos estos seres y pídeles a cambio que te apoyen en tu práctica del dharma para el beneficio de todos los seres sensibles.

Sea lo que encuentres en cada momento, intégralo en tu meditación.

Aplica los métodos del entrenamiento de la mente a todas las situaciones que encuentres a lo largo del día. Puedes hacer que toda circunstancia, buena o mala, se vuelva significativa y útil para tu práctica.

Cuando te sientas feliz, confortable y las cosas te vayan bien, debes saber que es debido a la maduración del buen karma sembrado en el pasado. Si te contentas simplemente con disfrutar de los múltiples placeres y te aferras a ellos tanto como puedas, muy pronto tu buen karma se extinguirá. Al igual que el sufrimiento, la buena fortuna también pasa.

Incluso cuando seas feliz, puedes generar la bodhichita. Recuerda que todos los seres deben ser felices también: *Deseo ofrecer a todos los seres las mismas condiciones favorables que yo disfruto. Puedan ser felices ellos también.* A través de este deseo y por el hecho concreto de dar y compartir con los demás, estás multiplicando las causas positivas y el mérito. De esta manera, las causas para la felicidad de los seres, dondequiera que se encuentren, siguen aumentando.

Del mismo modo, frente a una situación terrible continúa entrenándote en el *lodjong*. En lugar de sentirte perdido, enojado o temeroso, utiliza esta dura prueba para practicar *tonglen*, el dar y el tomar. Genera la bodhicitta en la medida que sufras. Haz tuya toda la infelicidad de los seres. Esto tendrá el efecto de transformar tu dificultad en una preciosa oportunidad de practicar el entrenamiento de la mente.

Muchos yoguis, como Milarepa, tenían la costumbre de desplazarse cantando canciones. Cuando se sentían felices cantaban canciones como:

Oh, soy feliz. Muy bien, eso significa que puedo dar.
¡Pueda toda mi felicidad dirigirse a todos los seres sensibles
y que la disfruten!

Cuando se sentían tristes cantaban canciones como:

Oh, estoy sufriendo. Muy bien, eso significa que puedo tomar.
¡Pueda yo absorber el sufrimiento de todos los seres sensibles
y aliviarles por completo!

Los yoguis empleaban los métodos del entrenamiento de la mente día y noche. Como consecuencia, no experimentaban problema alguno.

A medida que tu práctica del entrenamiento de la mente madure, sentirás que tu libertad se expande cada vez más. Los muros habituales del deseo y la aversión comenzarán a derrumbarse. Pase lo que pase, bueno o malo, dejará de tener importancia para ti. Estarás abierto a todo porque podrás transformarlo en el camino del despertar.

Aplicar el entrenamiento de la mente en esta vida

Cuarto punto:
aplica el Entrenamiento de la mente en esta vida

Este cuarto punto condensa las instrucciones fundamentales del entrenamiento de la mente en la práctica de los cinco poderes durante la vida y los cinco poderes en el momento de la muerte.

CONDENSADAS EN SU ESENCIA, HE AQUÍ LAS INSTRUCCIONES:
ENTRÉNATE EN LOS CINCO PODERES.

Para aumentar y acelerar tu progreso en el entrenamiento de la mente, debes entrenarte y desarrollar estos cinco poderes en tu vida cotidiana:

El poder de la resolución: Decide que, de ahora en adelante, harás del desarrollo y fortalecimiento de tu bodhicitta un imperativo. Tomas la determinación de que tu bodhicitta nunca disminuya y de que únicamente aumente. Actuarás en beneficio de los demás y practicarás la meditación para desarrollar plenamente la sabiduría de la bodhicitta última.

El poder de la familiarización: El hecho de tener constantemente presentes las instrucciones del entrenamiento de la mente hace que te familiarices con ellas. Más adelante, las irás poniendo en práctica de forma natural en tu vida cotidiana. Así tu entrenamiento en *lodjong* va a ocurrir espontáneamente, no sólo cuando estés despierto, sino incluso por la noche mientras duermas. Esto es lo que se entiende por el poder de la familiarización.

El poder de la semilla virtuosa: La bodhicitta es la poderosa semilla de virtud. Todo acto derivado de esta semilla es muy meritorio –la generosidad, por ejemplo.

Ser generoso significa simplemente dar. Proteger, ofrecer asistencia y enseñar el dharma son todos actos de generosidad. Cuando compartas con otros algo que sea bueno y útil estarás acumulando rápidamente mérito positivo.

El mérito es como el fertilizante más potente para el campo, y lo que crece en este campo es la bodhicitta. De esta forma el mérito de la bodhicitta se multiplica de manera exponencial y el ciclo positivo se mantiene.

Cuando la fuerza de tu mérito sea grande, serás capaz de realizar actividades positivas que no hubieses podido cumplir antes. Después, puedes dedicar el mérito resultante una vez más para beneficiar a otros. De esta manera, tu reserva de mérito se va a multiplicar siempre y tus actividades positivas aumentarán cada vez más.

A partir de ahora no debes dudar en beneficiar a los demás. Todo acto bondadoso valdrá la pena, incluso si se trata de un gesto tan ínfimo como alimentar pajaritos y animales pequeños. En la medida de lo posible deberías compartir y apoyar a los demás con sinceridad y sin ninguna reserva.

El poder de renuncia al ego: El mayor obstáculo para la bodhicitta es el aferramiento al yo. Donde haya ego, la bodhicitta estará ausente. El ego es la fuente de todas las acciones y de todos los pensamientos egoístas. No genera más que karma negativo y es capaz de destruir tu buen karma.

Tan pronto como el aferramiento al yo aparezca, reconócelo y acaba con él. Durante las doce horas del día y las doce horas de la noche, resístete firmemente a los dictados del ego. Debes tener presente el hecho de no dejarse invadir por el ego. Con el tiempo, la firme resolución de ignorar al ego se convertirá en tu naturaleza.

El poder de los deseos: Haz tantos deseos beneficiosos para los seres como te sea posible. Dedica todo el mérito, por pequeño que sea, deseando que los seres sensibles encuentren circunstancias y condiciones favorables.

Los budas y los bodhisattvas son nuestros modelos. El poder excepcional de los budas para ayudar a los seres procede de una causa: los deseos de beneficiar a los seres que han hecho, a partir del momento que generaron la bodhicitta hasta alcanzar su despertar. En el momento del despertar, todos los deseos se cumplen, y los que los budas han hecho por nosotros se están cumpliendo ahora. Este es el poder de los deseos.

LAS ENSEÑANZAS SOBRE LA MUERTE DEL GRAN VEHÍCULO SON LOS CINCO PODERES MISMOS; TU CONDUCTA ES CRUCIAL.

Las enseñanzas sobre la transferencia de la mente en el momento de la muerte, el *phowa*, son para practicantes avanzados que han alcanzado cierto grado de competencia en su meditación. No obstante, las cinco causas poderosas mencionadas a continuación, y que conciernen al momento de la muerte, contienen la esencia del *phowa*.

Cuando estés a punto de morir debes expresamente consagrarte a estas cinco causas. Te van a apoyar en el bardo (el estado intermedio entre la muerte y el próximo renacimiento). Además, deberías seguir los consejos sobre la postura física a adoptar en el momento de la muerte.

El poder de la semilla blanca: 'Blanca', en este caso, significa positiva y la raíz positiva es la bodhicitta. Por lo tanto, debes tomar los votos de bodhisattva de nuevo en caso de que no hayas respetado alguno de sus compromisos.

Cuando te estés muriendo, abandona todo apego a tus pertenencias y a tus relaciones. Asegúrate de que no te queda ningún remordimiento ni preocupación.

Para no tener preocupaciones ni apegos a nada en el momento de la muerte, debes prepararte para ello. Debes hacer un testamento con antelación y dar instrucciones claras sobre el cuidado de aquellos que están a tu cargo, asegurándote el consentimiento de las personas a quienes vas a confiar el cuidado de velar por su bienestar cuando ya no estés.

En cuanto a la distribución de tus bienes, especifica cómo te gustaría que se dividieran entre las diferentes personas o asociaciones. Lo importante es dejar resueltos tus asuntos con antelación para poder sentirte mentalmente libre en el mismo momento de la muerte.

Cuando sea posible puedes hacer donaciones a dos tipos de organizaciones caritativas: las que proporcionan ayuda temporal a los más desfavorecidos en forma de hospitales, de servicios sociales, de alimentos y de asilo; y aquellas que proporcionan la ayuda última del dharma. Elije apoyar a una de estas formas de caridad o a las dos.

Es importante que no te aferres a nada cuando te estés muriendo, ya que perturbará tu mente. El peor escenario será encontrarte, en el momento de la muerte, pensando en cómo arreglar todos tus asuntos. Tu mente seguirá entonces esa línea de pensamiento en el bardo, lo que podría traer graves consecuencias para ti.

El poder de la oración: Los deseos de un moribundo son muy poderosos. De modo que, en el momento de la muerte, invita a todos los budas y bodhisattvas a venir frente a ti y dirígeles tus súplicas. Mentalmente, rinde homenaje a todos los grandes seres, los budas, los bodhisattvas, los arhats y los pratyeka-budas. Ruégales que te otorguen sus bendiciones y te apoyen con sus deseos para hacer realidad los tuyos; tus deseos deben canalizarse hacia la obtención de un buen renacimiento, un renacimiento donde puedas ser de gran beneficio para los seres. Se recomienda recitar la plegaria de los deseos de Samantabhadra tantas veces como sea posible.

El poder de la causa de conexión en el bardo: La causa de conexión es la bodhicitta en sus dos aspectos, convencional y último. Justo antes de morir, tienes que hacerte uno con la bodhicitta. Cultivando en la mente buenos deseos para los seres sensibles, mientras que, al mismo tiempo, continúas adoptando la sabiduría de la bodhicitta última. Intenta no sumergirte en las manifestaciones ilusorias del bardo, y acuérdate de aplicar la visión de que todos los fenómenos son ilusorios.

El poder de la supresión del ego: Todo pensamiento o sensación negativa debida al egocentrismo deben ser suprimidos. No debes tener ninguna duda de que el aferramiento a un yo sólo va a generar causas negativas. Si es posible, trata de reconocer la naturaleza vacía del yo, la visión de la bodhicitta última. No te enojes con nada porque la ira aleja la bodhicitta. No te enredes en emociones perturbadoras.

El poder del hábito: La compasión es un hábito mental poderoso. Así como te has entrenado a lo largo de tu vida en generarla lo máximo posible, en el momento en que te estás muriendo evoca la compasión por todos los seres. Despierta el sentimiento de amor bondadoso hacia ellos y permite que ese sentimiento se expanda. No tengas ninguna duda de lo que está a punto de suceder, ni tengas la expectativa de obtener buenos resultados tampoco. Simplemente permanece en la bodhicitta.

La bodhicitta va a bendecir tu mente completamente y esa bendición se mantendrá después de tu muerte. Allí, en el bardo, te va a llevar exactamente en la dirección conforme a tu deseo. Esta es la manera de renacer como un bodhisattva. Una vez hayas renacido, tu mente se conectará a la bodhicitta y, en esta nueva vida, serás de gran ayuda y utilidad para los demás.

La postura física para el momento de la muerte

Esta postura única es la posición más favorable para una persona que está muriendo. En el momento de la muerte la parte superior de la cabeza debe estar orientada hacia el norte. Debes acostarte sobre el lado derecho con la cabeza sobre una almohada. La palma de la mano derecha debe colocarse bajo la mejilla y las piernas estiradas, en la medida de lo posible. Además, el brazo izquierdo debe estar estirado y colocarse sobre la cadera. Observa las representaciones de Buda cuando estaba a punto de morir (se conoce como la postura del «Buda acostado») y adopta esa misma posición.

Evaluar del entrenamiento de la mente

Quinto punto:
EVALUAR EL Entrenamiento de la mente

Este quinto punto te proporciona el criterio para evaluar tu progreso en la práctica. En el *lodjong*, la mejor prueba de éxito es que seas capaz de utilizar espontáneamente todo lo que haces para dominar el aferramiento al yo. Cuando esto se produce de forma natural y sin esfuerzo, es un signo real de haber alcanzado los resultados de *lodjong*. En otras palabras, el entrenamiento mental se convierte en tu naturaleza. Llegados a este punto, una gran sabiduría va a irradiar espontáneamente, de una forma tan natural como la luz del sol que crece desde el amanecer hasta el mediodía.

TODAS LAS ENSEÑANZAS DEL DHARMA ESTÁN DIRIGIDAS A UN MISMO OBJETIVO.

El Buda enseñó el dharma con un único propósito: disminuir el aferramiento egocéntrico. La primera medida de éxito en la práctica de *lodjong* ocurre cuando dejas de estar absorbido por el propio interés.

Los que practican con éxito tienen una capacidad de *conocer* diferente a la de los demás. De forma natural saben si el ego domina o no, si crece, disminuye o permanece igual. Para ellos, el entrenamiento de la mente se ha convertido en un hábito en el cual el ego está bajo control. Tan pronto como aparece un obstáculo producto del aferramiento al yo, se reconoce sin necesidad de actuarlo. Una persona que no practica no puede concebir tener este tipo de conciencia, y mucho menos tratar de controlar el aferramiento al yo.

Libres de este aferramiento, los practicantes con éxito tienen pocas preocupaciones. Se sienten cómodos y tranquilos, y en paz con ellos mismos y con los demás. A medida que tu práctica madure experimentarás y reconocerás directamente estos efectos liberadores. No necesitarás la confirmación de tu maestro ni de cualquier otra persona.

CONFÍA EN LO MEJOR DE LOS DOS TESTIGOS.

En general, hablamos de dos testigos: uno mismo y los demás. Considérate siempre como el testigo principal. Sabes si estás entrenando tu mente y respetando tus votos y compromisos. Sólo tú sabes el impacto que el entrenamiento de la mente tiene sobre ti y sobre la forma de conducirte.

Los métodos te proporcionan la motivación perfecta y el entrenamiento te guía hacia una conducta perfecta. Por tanto, cuando te veas actuando adecuadamente, de forma natural y sin esfuerzo, significa que tu práctica trae frutos. No tendrás ningún remordimiento. Realmente vas a experimentar una profunda satisfacción.

APÓYATE CONSTANTEMENTE EN EL JÚBILO DE LA MENTE.

Si te mantienes en un estado de ánimo constantemente feliz es una buena señal. Incluso cuando te veas confrontado por obstáculos, serás capaz de servirte de ellos para entrenarte. Gracias al poderoso mérito acumulado por el hecho de practicar el *lodjong*, se desarrollará una gran felicidad en tu mente. Cuando experimentes este resultado no debes entusiasmarte en exceso, ni preocuparte en caso de que la felicidad desaparezca. No tienes que darle importancia en absoluto. En cambio, continúa manteniendo una mente clara y estable, en estado de ecuanimidad, y poco a poco te dejarás llevar constantemente por la alegría.

ESTARÁS BIEN ENTRENADO SI PUEDES INCLUSO SOBRELLEVAR LA DISTRACCIÓN.

Si en el momento en que surge un pensamiento negativo o una perturbación puedes mantener la compostura y, de forma natural, aplicar los métodos para dominarlos, sin sentir ninguna tensión, entonces significa que estás bien entrenado. Gracias a tu competencia en la práctica, podrás rectificar de forma casi automática. Incluso en plena crisis lograrás conservar la calma y seguirás utilizando las condiciones presentes para entrenarte. Al igual que un experto jinete, no te caerás del caballo incluso cuando estés distraído.

El hecho de permanecer estable en tu práctica no quiere decir que hayas dejado de experimentar aferramiento al yo. Más bien significa que, una vez aparezca en la superficie, lo remedias de inmediato. Naropa dijo una vez a Marpa:

> *«Tu práctica ha llegado a tal nivel*
> *que, como una serpiente enrollada,*
> *eres capaz de liberarte en un instante.»*

La realización de tu práctica se hará evidente cuando aparezcan **las cinco grandes cualidades de la mente**:

La Bodhicitta: La primera gran cualidad de la mente es la bodhicitta. La omnipresencia y predominancia de la bodhicitta procura un sentimiento completo de satisfacción. Mientras continúes entrenándote, tu contentamiento va a ser tan fuerte que no tendrás deseo de nada más.

El gran dominio: Has alcanzado un dominio tal de tu mente que eres capaz de percibir el mínimo error susceptible de crear causas negativas y lo remedias inmediatamente.

La gran paciencia: Dispones de una paciencia inmensa para acabar con tus emociones negativas y oscurecimientos. No tienes límite alguno cuando se trata de tomar medidas con un estado mental negativo. Dicho de otro modo, continúas entrenando tu mente con todo lo que aparezca.

El gran mérito: Cuando todo lo que haces, dices o piensas proviene de una única motivación – la de beneficiar a los demás -, entonces eres uno con la práctica del dharma. Mientras llevas a cabo tu práctica y tus actividades cotidianas, al mismo tiempo, acumulas mérito sin cesar. Lo que a su vez acrecienta tus actividades positivas generando todavía más mérito. De esta manera, el gran mérito se multiplica de forma automática.

El gran yoga: El gran yoga (la práctica) es la bodhicitta última. Es la amplia y profunda mente de sabiduría que expone la naturaleza de la realidad. Poseer y mantener esta visión perfecta es, por tanto, la quintaesencia de la práctica del dharma.
El *lodjong* te permitirá realizar estas cinco grandes cualidades de la mente. Para desarrollarlas, debes entrenarte asiduamente ya que no van a aparecer simplemente por desearlo.

La aparición de las cinco grandes cualidades de la mente demostrará que la esencia de la práctica del bodhisattva se ha convertido en tu naturaleza. No te involucrarás en ninguna negatividad no importa lo ínfima que sea. Eres tú quien tiene el control y las emociones negativas no pueden influirte. En este caso, todos los remedios se ponen en funcionamiento de forma casi automática, incluso cuando no estés prestando demasiada atención. Cuando se aplican los remedios, permaneces en calma y equilibrio. De forma natural la mayor parte de tu tiempo lo dedicas a los demás o a alcanzar el despertar (que, en realidad, también es para beneficiar a los seres sensibles).

Un punto muy importante: la verdadera compasión no es emocional. Los practicantes avanzados tienen una visión clara, fundada en la bodhicitta última. Conocen la naturaleza del sufrimiento en sí mismo. Su compasión se basa en la sabiduría, de forma que no hay tristeza ni emociones implicadas. Sin trabas y libres de emociones, los bodhisattvas ayudan a los demás de una manera sensata y apropiada.

Compromisos del entrenamiento de la mente

Sexto punto:
Los Compromisos vinculados al Entrenamiento de la mente

En el sexto punto se enumeran los quince aforismos del entrenamiento de la mente. Con la excepción del primero (que proporciona orientaciones generales), estos aforismos explican claramente el comportamiento a evitar en tu vida cotidiana, errores que arruinarán tus esfuerzos y tu progreso en la práctica.

RESPETA SIEMPRE LOS TRES PRINCIPIOS DE BASE.

Los tres principios fundamentales te protegen de cometer errores:

Respeta tus compromisos y votos: que incluyen los dos insuperables votos de Refugio y de Bodhisattva, y estos preceptos del entrenamiento de la mente. No pases por alto o subestimes la más mínima de las transgresiones.

Para superar con éxito el aferramiento egocéntrico, no seas demasiado complaciente con tu propia imagen. Ya sea abiertamente o de forma sutil, no trates de dar la impresión de ser alguien diferente o especial.

Ten paciencia con todos por igual: tu paciencia no debería ser selectiva. No deberías, por ejemplo, optar por ser paciente únicamente con tus amigos y no serlo con tus enemigos. Eso sería una paciencia sesgada y carente de imparcialidad.

Transforma tu actitud permaneciendo natural.

La actitud habitual de los seres vivos está basada en el egoísmo. «Transformar tu actitud» significa que no debes ser egoísta. Al mismo tiempo, no hagas alarde de tus esfuerzos por cambiar. La manera en que cuidas a los demás no necesita exhibirse a la vista de todos. No deberías demostrar cómo has cambiado, ni lo bueno que eres. Así actúan los charlatanes.

No hables de los defectos de otros.

No te rías, te burles o llames la atención sobre aquello que consideras un defecto o una discapacidad física en los demás.

No importa cuáles sean los defectos de los demás, no los contemples.

Lo mejor es pensar sobre las aptitudes y cualidades de los demás. No pienses en sus deficiencias. En otras palabras, no desarrolles opiniones de sus pasos en falso.

Abandona la comida envenenada.

Al igual que la comida no debe estar envenenada, la práctica de Dharma tampoco debe estar contaminada. Protege tu práctica del aferramiento al yo producido por las emociones negativas. Verifica tus intenciones profundas para así poder eliminar todos los intereses puramente egoístas.

No ayudes a los demás en función de los favores que les debes.

Este compromiso es culturalmente específico y apropiado para el pueblo tibetano que vivía en el tiempo de Atisha. En aquella época, sobre todo entre los nobles, había una tendencia a hacer el bien o el mal a otros en función de la forma en que te habían tratado ellos en el pasado. Si alguien te había tratado mal, recordarías la ofensa y se la devolverías tarde o temprano en el futuro. Del mismo modo, si alguien había hecho algo bueno por ti, te comportarías amablemente con esa persona para devolverle la deuda. Este compromiso tiene por objeto garantizar que la ayuda a los demás proviene de un sentimiento sincero de compasión y de amor y no de un sentido del deber. Hacer el bien a los demás no debe depender de lo bien o mal que esa persona te ha tratado en el pasado.

No descubras los defectos de los demás para irritarles.

Si alguien intenta provocar una discusión o una pelea, atacándote, ya sea directamente con palabras agresivas o acciones o indirectamente con sarcasmo o por cualquier otro medio, no debes responder de la misma forma.

No esperes al acecho.

No esperes a que llegue la oportunidad de vengarte de aquellos contra quienes guardas rencor. Nunca busques venganza.

Nunca golpees en el corazón.

No seas malevolente con los demás y no les hagas la vida o las situaciones difíciles. No deberías ser sádico ni cruel con los demás.

No coloques la carga de un buey en una vaca.

No sobrecargues o ejerzas una presión indebida sobre otra persona. No eludas tus propias responsabilidades o abuses de tu autoridad delegando tu trabajo o tus problemas en otros, ya sea de forma directa o a través de una hábil maniobra.

No busques ser el mejor.

No tengas como objetivo ganar o quedar por encima de los demás. No trates de obtener la mejor parte para ti a expensas de otros.

No hagas mal uso del remedio.

No hagas un uso indebido del propósito de la práctica del dharma y, más concretamente aquí, la práctica del entrenamiento de la mente. El mérito resultante debería dedicarse para el futuro. El fruto del mérito no está destinado a disfrutar aquí y ahora de una vida llena de lujo, renombre y aprecio. Consagra todo tu mérito más bien para apoyar tu actividad de ayudar a los demás en el futuro. Por ejemplo, hacerlo para aumentar tu propia riqueza en el futuro, para tu buen estado de salud o para escapar de espíritus dañinos supone un desperdicio del mérito.

No te sirvas de los dioses para propósitos negativos.

En este contexto, «dios» es una metáfora de todo lo relacionado con la religión. A lo largo de la historia, la religión ha sido explotada para ganancias y ambiciones personales. En la actualidad, este uso indebido continúa sucediendo. Las personas utilizan la religión para aumentar su ego y dar rienda suelta a sus emociones negativas, para reforzar su orgullo y la imagen que tienen de ellos mismos en lugar de desarrollar la humildad y la paciencia. En menor escala, se sirven de la religión para obtener bienes materiales. A una mayor escala, la utilizan políticamente para asegurarse las funciones de liderazgo y para controlar a la población.

Hay otras formas de hacer un mal uso de la religión. Se pueden utilizar las divinidades con el propósito de dañar a otros, cuando su razón de ser es la de ayudar y liberar. Por ejemplo, si invocas a una deidad protectora para maldecir a un enemigo, estás sirviéndote de la deidad airada para que haga el mal. Me gustaría añadir que lo esencial aquí no es saber si una deidad concreta existe realmente o no – lo importante es que la intención es equivocada y dañina.

Ante todo, compórtate como un humilde servidor.

Adoptando el entrenamiento de la mente renuncias a objetivos que puedes haber tenido anteriormente, tales como hacerte famoso o poderoso. No debes comportarte como si fueras alguien especial o superior a los demás, puesto que precisamente has renunciado a la idea de verlos menos importantes que tú. Debes, por tanto, ser humilde ante todo el mundo, tan humilde como el más insignificante de los sirvientes.

No disfrutes del sufrimiento ajeno.

No desees el mal o la muerte a un enemigo, no desees tampoco beneficiarte de la ruina de alguien. No deberías, por ejemplo, cazar animales por placer. Este punto incluye igualmente el hecho de desear que alguien muera, desaparezca o sufra un daño para poder heredar bienes materiales, obtener un estatus social o ser ascendido en una organización.

Observaciones finales:

De ahora en adelante, tu único objetivo es alcanzar el despertar por el bien de los seres sensibles y todo lo demás carece de importancia. Un practicante auténtico abandona todo y no tiene nada más que hacer en su vida que progresar hacia el despertar. A lo largo de sus numerosos años de práctica Milarepa, por ejemplo, estaba considerado por la gente como un loco y así lo decían. Pero a él no le importaba, y ¿por qué habría de importarle? Todos deberíamos esforzarnos por seguir el ejemplo de su dedicación a su único propósito.

Consejos para el entrenamiento de la mente

Séptimo punto:
Consejos para el Entrenamiento de la mente

El séptimo punto se compone de veintidós sugerencias para apoyar y mejorar la práctica del entrenamiento de la mente.

PRACTICA TODOS LOS YOGAS CON UN SOLO PROPÓSITO.

Existen yogas (prácticas) para determinadas funciones cotidianas, tales como comer, dormir, caminar, sentarse y vestirse. Todos los yogas pueden englobarse en una práctica esencial: no importa lo que hagas, hazlo con el deseo de que aporte beneficios a los seres. Es sencillo. Por ejemplo, si estás subiendo unas escaleras, puedes pensar: *Deseo hacer subir a todos los seres sensibles estas escaleras del dharma que conducen al despertar.* Si te encaminas a un hermoso parque, piensa *¡Deseo conducir a todos los seres sensibles al Nirvana, más allá del sufrimiento!*

Vence todos los obstáculos con un solo método.

Sea cual sea la dificultad con la que te encuentres, practica *tonglen* (dar y tomar). Piensa: *Que, a través de mi problema, pueda yo disipar los obstáculos de todos los seres y asumir sus problemas para que consigan ser felices, libres de todo obstáculo.*
En algunas ocasiones, los practicantes avanzados pueden encontrar pequeños obstáculos o dificultades, como problemas de salud, durante breves períodos de tiempo. Son signo de que el mal karma se está disipando, un efecto secundario de una práctica adecuada, por así decirlo. La especificidad del tipo de problema depende enteramente del individuo. Si te encuentras en esta situación, puedes estar seguro de que es buena señal. Continúa aplicando los métodos relativos a los obstáculos. Lo importante es no dejarte abatir por las dificultades. No te alarmes por el hecho de que te estén sucediendo a ti.

Al principio y al final, dos acciones a realizar.

Cuando te despiertes por la mañana, piensa: *A lo largo de todo el día, voy a practicar con dedicación el entrenamiento de la mente.* Por la noche, antes de dormirte, deberías pensar: *Pueda mi mente permanecer en la práctica mientras sueño.* Teniendo en cuenta que la acumulación de mérito depende enteramente de tu motivación, se va a acumular automáticamente, incluso mientras duermes.

Sé paciente con cualquiera de ambas que surja.

La paciencia es una virtud universalmente reconocida, por tanto, debes ser siempre paciente. Las dos condiciones que pueden presentarse son las *positivas* y las *negativas*. En primer lugar, cuando estés feliz y cómodo, sé paciente y no seas demasiado autoindulgente. En segundo lugar, cuando estés oprimido, no te sientas asustado ni abrumado. Sé paciente y aprende a moderarte tanto en circunstancias favorables como en las desfavorables.

Preserva ambos, incluso al precio de tu propia vida.

El primero de los dos se refiere a los votos y compromisos generales del Camino del Bodhisattva – el voto de Refugio y los votos de Bodhisattva. El segundo es la esencia del entrenamiento de la mente. La mejor manera para proteger ambos consiste en no cometer ninguna de las transgresiones enumeradas en el punto sexto del *lodjong*. No subestimes su importancia y su valor. De vez en cuando, revísalas punto por punto.

Entrénate en las tres dificultades.

Cuando tratamos con las emociones negativas nos encontramos con tres dificultades.

La primera es aprender a reconocer las emociones negativas en el momento que aparecen. A menudo resulta difícil darse cuenta de ellas inmediatamente. Tienes que afinar tu atención, de lo contrario, una vez la emoción ha eludido tu atención, se manifestará en forma de numerosos pensamientos y sensaciones.

La segunda dificultad reside en la capacidad de someter a la emoción. Tienes que aplicar el remedio adecuado y no seguir los frutos de la emoción.

La tercera dificultad es asegurarse de que la negatividad no continúe – de que no suceda de nuevo. Esto significa, con el tiempo, arrancar de raíz el aferramiento al yo, fuente de todas las emociones. Con el fin de lograr este objetivo, pon en práctica los métodos del dharma para cultivar la sabiduría.

Tienes que practicar enfrentándote a las tres dificultades. La más importante de las tres es tratar de dominar cada emoción negativa tan pronto como la percibas. Una vez que hayas desarrollado el hábito de controlar tu mente, las tres dejarán de suponer dificultad alguna.

RESPETA LAS TRES CAUSAS PRINCIPALES.

"Causa", en este caso, hace referencia a las causas de un entrenamiento de la mente exitoso.

La primera causa principal de éxito en el *lodjong,* o en cualquier práctica de dharma, es la de tener un maestro espiritual cualificado que pueda enseñarte y guiarte.

En segundo lugar, tienes que entrenarte. Una vez que hayas recibido las instrucciones adecuadas de un maestro cualificado, trabaja duro para desarrollar habilidades en los métodos practicados. Todas las prácticas del dharma sirven para entrenar la mente. A pesar de que la gente, en general, piense que un caballo es entrenado por su entrenador, en realidad es el caballo el que aprende a calmarse.

La tercera causa engloba todas las cosas y condiciones materiales necesarias para tu práctica. Por ejemplo, necesitas una alimentación y un lugar donde vivir adecuados, así como tener las necesidades básicas cubiertas.

CULTIVA LOS TRES SIN MENOSCABO ALGUNO.

En primer lugar, el respeto hacia tu maestro espiritual no debe disminuir. Un verdadero maestro espiritual te ayuda seriamente a alcanzar el despertar sin desviarte nunca del auténtico dharma. Las personas que actúan como maestros o que pretenden serlo, a la vez que albergan intereses y ambiciones egoístas, son meros charlatanes.

En segundo lugar, la práctica del dharma es de extrema importancia por lo que tu afán por practicar no debería decaer. Tu entusiasmo, a su vez, dependerá de tu nivel de comprensión del significado profundo; dicho de otro modo, cuanto más profundamente comprendas el dharma, mayor será tu apreciación por la práctica y tu compromiso con ella.

En tercer lugar, tus esfuerzos por respetar tus votos y los preceptos no deben decrecer. No te relajes sobre el riesgo que existe de cometer alguna de las transgresiones del entrenamiento de la mente. Los compromisos que haces tienen el poder de proteger la calidad de tu práctica. Vigila tu conducta para que seas fiel a todos los votos que has tomado.

Torna inseparables a los tres.

Nuestro cuerpo, nuestra palabra y nuestra mente deben estar comprometidos en realizar acciones positivas y benéficas. Físicamente, deberías hacer postraciones y otras prácticas del dharma, tanto como sea posible. Verbalmente, puedes realizar acciones positivas al recitar los sutras, oraciones tales como "La plegaria de deseos de Samantabhadra" y formular deseos ilimitados para el beneficio de los seres sensibles. Mentalmente, puedes impregnarte de la bodhicitta, la motivación esencial, en todo momento.

Practica con imparcialidad.

No deberías demostrar ningún tipo de discriminación frente a las personas, sea por su sexo, raza, país de origen, su estatus o sus creencias, etcétera. Al igual que no deberías tener inclinaciones o prejuicios hacia nada, sea lo que sea. Pon en práctica los métodos del entrenamiento de la mente de forma ecuánime para todo el mundo y en todas las circunstancias.

Todo el entrenamiento debe ser profundo e impregnarte.

Entrénate a fondo para que la esencia del *lodjong* se arraigue en lo más profundo de ser. Expresa esta esencia con sinceridad a través de tus pensamientos, tu habla y tus actos. Verbalizar las instrucciones del entrenamiento de la mente no es suficiente ya que no le va a servir a nadie.

Medita con perseverancia ante toda circunstancia.

Normalmente la gente evita las dificultades. Sin embargo, para la práctica de *lodjong*, debes servirte de todo lo que encuentres - incluso de las situaciones problemáticas - para así poder entrenarte.

No dependas de las condiciones externas.

No necesitas depender de ningún otro método que el entrenamiento de la mente. Utiliza las condiciones adversas para entrenarte ya que no necesitas que las condiciones externas sean perfectas para poder practicar el *lodjong*. Tus esfuerzos sin duda darán sus frutos y tu práctica madurará rápidamente.

De ahora en adelante practicar es la máxima prioridad.

Los *Siete Puntos del Entrenamiento de la Mente* convergen en lo mismo: practica ahora mismo. No esperes al momento perfecto para practicar. Cuando encuentres condiciones desfavorables, inspira y toma el sufrimiento de los demás. Cuando encuentres condiciones favorables, expira y envíaselas a los demás. Es tan simple como eso.

De todas las existencias que has tenido, ésta es la más importante ya que has obtenido un precioso nacimiento humano. Debes por tanto hacer que tenga sentido.

Entre todas las oportunidades que has encontrado a lo largo de esta vida, encontrarte con el *dharma* es la más grande. No debes por tanto malgastarla ni mal usarla.

De entre las dos prácticas generales del dharma, el estudio teórico y la práctica de la meditación, la segunda es la que deberías seguir.

Entre los muchos métodos de la práctica, el *lodjong* es el más importante de todos. Por lo tanto, deberías practicar el entrenamiento de la mente ahora mismo.

No te permitas estar mal orientado.

No practiques las virtudes estando mal orientado.

Paciencia mal orientada: no tienes paciencia para la práctica del dharma con sentido, pero cuando se trata de actividades que te empujan a los reinos inferiores, entonces tienes mucha paciencia.

Intención mal orientada: Toda intención o deseo de obtener placer solamente para esta vida es una intención mal orientada.

Gozo mal orientado: Cuando no disfrutas respetando el dharma y generando causas positivas y, en su lugar, obtienes placer realizando conductas y actividades inmorales es un gozo mal orientado.

Piedad mal orientada: la piedad mal dirigida ocurre cuando la sientes hacia las personas que practican el dharma o benefician a los demás. Te compadeces de ellos, pensando que están desperdiciando su vida. O bien, sientes lástima por personas que están gastando su dinero en instituciones benéficas y el dharma, en lugar de aprovecharse ellos mismos. Hay un buen ejemplo de esto en la vida de Milarepa. Cuando su hermana lo encontró meditando solo en su cueva de la montaña, sin ropa, sin comida y sin ningún discípulo, se sintió terriblemente mal por él y le dijo que ya no parecía ni humano. Ver a su hermano en ese estado le hizo llorar. Este es un claro ejemplo de piedad mal orientada[8].

Objetivo mal orientado: Cuando diriges a la gente hacia aquello que trae meramente un beneficio temporal en esta vida en lugar del beneficio último del dharma, es un objetivo mal orientado.

Regocijo mal orientado: Aclamar a alguien como un héroe cuando él o ella están, en realidad, participando de actividades nocivas y creando karma negativo, es un regocijo mal orientado. Por ejemplo, pensar, ¡Es realmente listo... ha engañado a tanta gente y *ha ganado tanto dinero con ello!*

El comentario precedente concierne a las *virtudes mal orientadas* y no se aplica a los medios hábiles empleados por los bodhisattvas – quienes, con destreza, podían utilizar métodos poco usuales. Un ejemplo de recurrir a los medios hábiles nos lo dio el Buda cuando utilizó la música para someter al rey de uno de los reinos divinos. Consciente de que, dominando a este monarca, todos los dioses de su reino serían dominados. De modo que, conociendo la pasión que tenía por la música, el Buda se manifestó frente al rey bajo la forma de un gran músico; y los dos tocaron juntos. Así fue cómo el Buda, con gran habilidad, pudo enseñar el *dharma* al rey de los dioses. En este caso, no se trataría de una virtud mal orientada.

---

8   La palabra tibetana traducida aquí como 'piedad' es *nyingje (snying rje)* que, en este contexto, significa 'piedad' y no compasión.

No seas inconstante.

Debes practicar con constancia y regularidad. Evita ir de un extremo al otro, como por ejemplo, practicar intensamente algunas veces y apenas practicar en otras ocasiones. Incítate a ti mismo a practicar de forma regular. Sé constante y tu éxito está garantizado. Todos conocéis la fábula de la tortuga y la liebre. ¡Sé la tortuga!

Entrénate sin interrupción.

Entrénate en el *lodjong* sin interrupción hasta que se convierta en tu naturaleza.

Libérate a través del examen y el análisis.

Analizar significa tener dos mentes - la mente que observa y la que es observada. Al principio, examina tu mente a menudo como una forma de auto-análisis. Determina qué estados negativos predominan en ti. Es importante comprender que el desencadenante está en ti. Completa tu análisis conociendo los remedios respectivos que tienes que poner en aplicación. Después, con la práctica, terminarás siendo capaz de liberarte de los estados mentales negativos.

Los velos que cubren la mente se reconocen de forma más espontánea cuando tienes una práctica estable. Cuando surja la negatividad, te aparecerá el remedio apropiado de manera automática. Podemos considerarlo como un excelente resultado.

No busques el reconocimiento.

No esperes recompensas o reconocimiento alguno de la gente a la que has ayudado. No deberías esperar tampoco que te aprecien o te devuelvan los favores. No presumas delante de todo el mundo de lo que has hecho. Los bodhisattvas no esperan reconocimiento ni recompensa.

No te aferres a la cólera.

Cuando alguien te haya ofendido o lastimado, no te aferres a la ira recordando el daño que te ha infligido.

Comentario adicional: Este consejo concreto se aplica especialmente a los tibetanos en cuya cultura se anima a los niños desde temprana edad a recordar, como forma de autoprotección, el mal que se les ha infringido. Los tibetanos son elogiados por su fuerza si son capaces de recordar todas las ofensas que han sufrido. Incluso lamas, presentes en los círculos de vida política, tienen esta disposición negativa. No hace falta decir que esto va totalmente en contra de las enseñanzas budistas. Para eliminar este tipo de condicionamiento cultural, los maestros budistas hacen hincapié en la importancia de no quedarse en la cólera ni en el rencor.

No seas temperamental.

En la ética budista, vivir y actuar 'como el tiempo' se considera un defecto de carácter. Las personas irritables están siempre cambiando y no son constantes en sus compromisos y sus metas. Su interés por las cosas es por lo general de corta duración. Una persona irritable y frívola puede, por ejemplo, pasar de un maestro a otro, o cambiar su práctica todo el tiempo. Él o ella no será capaz de permanecer el tiempo suficiente para aprender de manera adecuada, convirtiéndose en un mal candidato para la práctica del dharma.

No busques el agradecimiento.

No importa lo que hagas en el dharma, no esperes elogios, agradecimientos, recompensas o reconocimiento de los demás.

Conclusión

*Para terminar, Chekawa expresa la certeza de su confianza a
fin de alentar a otros:*

*Gracias a la fuerza de mi intención y de mi determinación,
He ignorado mi propio sufrimiento y mi mala reputación,
y he obtenido las instrucciones para vencer a mi propio
aferramiento al yo.
Al presente, no tengo remordimientos, aunque tuviera que morir
en este preciso momento.*

Chekawa Yeshe Dorje

Ja Chekawa Yeshe Dorje, el autor del texto raíz de los *Siete Puntos del Entrenamiento de la mente*, concluye los versos
raíces con este sencillo y conciso verso. El hecho de no tener
remordimiento alguno muestra que Chekawa había alcanzado el despertar y se sentía plenamente satisfecho. Alcanzar la
realización de un bodhisattva era en sí una proeza extraordinaria. Este éxito se lo debía a las instrucciones mismas del
entrenamiento de la mente que había buscado, obtenido y
practicado.

Chekawa ha condensado las preciosas instrucciones y las ha puesto en verso para nosotros y para todos los seres sensibles. Los aforismos contienen una enseñanza profunda, lo suficientemente poderosa como para conducir a cualquier practicante comprometido al despertar en una sola vida, tal como le sucedió a él.

Sechilbupa, uno de los principales discípulos Chekawa, fue quien escribió estas instrucciones expresadas en forma de aforismos. Una vez concluido este trabajo, Chekawa anunció que iba a organizar un "*tea party*" para celebrar la atribución del nombre dado a estas enseñanzas, *Los Siete Puntos del Entrenamiento de la Mente*, y así lo hizo. Desde entonces, sus siete puntos del entrenamiento de la mente se han extendido por todas partes y han beneficiado a muchos grandes maestros.

Chekawa falleció el año de la oveja de madera (1175 DC), a la edad de 75 años, en un lugar del Tíbet Central llamado Ja Ngurmo.

Comentarios finales

Esta práctica del entrenamiento de la mente es fácil de aprender, es accesible y contiene todas las instrucciones profundas de meditación. Para una persona joven que ha decidido abandonar toda búsqueda mundana y quiere dedicar tiempo para practicar en retiro, esta enseñanza le resultará extremadamente beneficiosa. De hecho, esta práctica es suficiente en sí misma para alcanzar el despertar. Al leer estas instrucciones, una y otra vez, para asimilarlas, ¡estarás reuniendo un buen capital para tener a tu disposición cuando llegue el momento de la jubilación! De acuerdo con la visión budista de la impermanencia y el karma, en realidad nadie sabe cuándo le llegará la muerte. En cualquier caso, no puedes negar el hecho de que, en este mundo, no es fácil hacer las cosas como lo deseamos ni hacer todo lo que queremos. Es difícil encontrar tiempo para muchas cosas: tenemos que estudiar cuando somos jóvenes y después buscar un trabajo para cubrir nuestras necesidades y las de nuestra familia. Pero si te comprometes realmente con estas enseñanzas y tratas de entrenar la mente, serán los mejores ahorros para tu futuro. Para aquellos con más edad y que ya se han jubilado, las enseñanzas y prácticas contenidas en este libro son mi mayor recomendación para que doten al resto de su preciosa existencia humana de gran sentido. Bien sea alcanzando el despertar en una sola vida, como Chekawa Yeshe Dorje, o después de esta vida, o incluso al cabo de numerosos renacimientos, no cabe duda de que esta práctica te va a sostener a lo largo de tantas vidas como necesita un bodhisattva para progresar con éxito, liberarse del sufrimiento del samsara y, finalmente, ser capaz de alcanzar el despertar.

Glosario

Arhat: término sánscrito que significa «el valeroso». El término correspondiente en tibetano es *trachompa* (sgra bcom pa) que quiere decir «el que destruye al enemigo». Los enemigos que han sido destruidos en este caso son las aflicciones o velos de la mente. Asociados a los más cercanos discípulos del Buda, los arhats son una categoría de santos budistas, practicantes de gran realización.

Avalokiteshvara: es el nombre del bodhisattva de la compasión. Aunque puede manifestarse como divinidad de la compasión, también era un monje, uno de los discípulos del Buda en la época que enseñaba en Rajagriha.

Bardo: «estado intermedio» en tibetano. Este término generalmente hace referencia al estado intermedio entre la muerte y el próximo renacimiento, a la experiencia de la corriente de conciencia en el momento en el cual ha pasado ya la vida establecida y uno se dirige hacia la vida siguiente.

Bhumi: «etapa, nivel, tierra» en sánscrito. Este término técnico se emplea cuando se habla del camino de los bodhisattvas. En total hay diez *bhumis*, siendo cada uno de ellos un nivel de realización que culminará al final del décimo *bhumi*, con el despertar completo. Las diez tierras se denominan: Gozosa, Inmaculada, Luminosa, Radiante, Invencible, Manifiesta, Partida lejos, Buena sabiduría y Nube de dharma.

Bodhi: «despertar/iluminación» en sánscrito.

Bodhicitta: «mente del despertar» en sánscrito. Se trata de la intención altruista, de la inclinación de la mente a despertarse para poder aliviar con eficacia el sufrimiento de los demás y guiarlos hacia el despertar.

Bodhisattva: «ser del despertar» en sánscrito. Un bodhisattva es un ser que se ha dedicado a alcanzar el despertar con el fin de beneficiar a los demás. Cada acción de un bodhisattva se basa en la intención altruista (bodhicitta).

Dharma: un término sánscrito sin traducción literal. Por lo general, se refiere a las enseñanzas de Buda (como cuando decimos «tomo refugio en el dharma»). Dharma puede tener ocho significados distintos: conocimiento, camino, despertar, acción meritoria, vida, doctrina, adivinación (todo lo que predice el futuro) o escuela religiosa.

Dharmakaya: véase **kaya**

Gran vehículo: véase **mahayana**

Karma: «acción» en sánscrito. Forma abreviada de la expresión *phalam karman* que significa «acción y resultado» y hace referencia a la profunda verdad de causa y efecto.

Kaya: literalmente «cuerpo» en sánscrito. Se dice que hay cuatro cuerpos (kaya) de Buda, cada uno de los cuales expresa un aspecto diferente del despertar. Se clasifican según su nivel de relación sutil o basta con respecto a la materialidad. El **dharmakaya**, o cuerpo de la naturaleza de verdad, es la naturaleza verdadera que subyace a todos los fenómenos. Es totalmente inmaterial. El **sambhogakaya**, o cuerpo del cuerpo del pleno gozo, es una forma muy sutil, visible únicamente para seres de una gran realización. Se trata de un cuerpo perfecto que muestra todos los signos de la perfección y cuya función es la de traer gozo y satisfacción a los seres que son capaces de percibirlo. El sambhogakaya es el maestro de los bodhisattvas del octavo *bhumi*. El **nirmanakaya**, o cuerpo que concede los deseos, es el cuerpo físico adoptado por un Buda. Aparece gracias a la fuerza de la compasión de ese Buda, es percibido por todos los seres ordinarios como un ser ordinario y, como todos los cuerpos físicos, está sujeto al nacimiento, al declive y a la muerte. Por último, el **svabhavikakaya**, o el cuerpo esencial, es la conjunción de los tres primeros.

Lhaktong: «la meditación de la visión superior» en tibetano. **Vipashyana** en sánscrito. «Lhak» significa «supremo», y «tong» quiere decir «experiencia». Lhaktong es la experiencia de la cualidad natural suprema de la mente.

Mahabodhisattva: véase **bodhisattva**

Mahayana: «Gran Vehículo» en sánscrito. El mahayana es una forma particular de budismo que emplea la práctica de los medios hábiles (con la gran compasión como método) y cultiva la sabiduría que realiza la vacuidad del yo y de todos los fenómenos.

Nirmanakaya: véase **kaya**

Nirvana: «extinguido» (en sánscrito). El objetivo perfecto de la práctica budista, la extinción de toda la ignorancia y todas las aflicciones de la mente.

Pratyekabuda: «el realizado en solitario « en sánscrito. Los pratyekabudas son aquellos seres que han alcanzado el despertar bajo forma humana, en una época en la cual no hay ningún buda. En el curso de su última vida, no disponen de maestro y obtienen el despertar recordando las realizaciones de sus vidas pasadas. En realidad, cien eones antes de su iluminación, su maestro fue un Buda y acumularon mérito ayudando a los seres sensibles durante estos cien eones. Ayudan a los seres por el ejemplo mismo de sus propias realizaciones.

Sambhogakaya: véase **kaya**

Samsara: «la rueda de renacimientos» en sánscrito. El samsara es el infinito ciclo de renacimientos caracterizado por el sufrimiento y la ilusión[9]. Ignorantes de las causas de su propio sufrimiento y de la posibilidad que tienen de liberarse de él, los seres sensibles son empujados sin cesar de una vida a otra por la fuerza de su karma.

Shakyamuni: «El Sabio de los Shakya». Shakya era el nombre del clan al cual pertenecía el príncipe Siddharta. Una vez alcanzado el despertar y convertido en un Buda, se le conocía como Shakyamuni, el Sabio de los Shakya.

Shamatha: «calma mental» en sánscrito. **Shiné** en tibetano. Un tipo de meditación enseñado por el Buda para entrenar a sus discípulos a calmar y a apaciguar sus mentes.

---

9   NdT: Ilusión en este contexto se refiere a la entrada: 'concepto, imagen o representación sin verdadera realidad, sugeridos por la imaginación o causados por engaño de los sentidos'.

Shiné: véase **shamatha**

Sutra: Todas las enseñanzas directas del Buda Shakyamuni están recogidas en los sutras. Contienen las principales doctrinas del budismo.

Svabhavikakaya: véase **kaya**

Tantra: «continuidad». Es una continuidad del potencial despierto que todos los seres poseen. Las enseñanzas del tantra se centran en cómo transformar el propio cuerpo, habla y mente en el cuerpo, habla y mente de la deidad. Se trata de un método particular para alcanzar el despertar.

Tonglen: «dar y tomar» en tibetano. La profunda meditación consistente en dar a los demás todas nuestras cualidades positivas y tomar todo su sufrimiento.

Vipashyana: véase **lhaktong**

Yoga: «unión» en sánscrito. Neljor en tibetano. Se refiere a cualquier práctica que unifica la mente con su sabiduría innata. «Nel» es la naturaleza despierta original de la mente, el dharmakaya o la naturaleza de verdad. «Jor» es un verbo que significa alcanzar o lograr. «Neljor» significa, por tanto, alcanzar la naturaleza original de la mente.

Este libro se terminó de imprimir
en junio de 2023 por Pulsio Print

N° de Edición : 4026
Deposito legal: Junio 2023
Impresso en Bulgaria